고전교육을 위한 한문

고전교육을 위한 한문

김명순 · 김기림 · 홍학회 편

도서출판 역락

　이 책은 고전교육을 담당할 예비교사들의 한문 고전교육을 위한 교재로, 중·고등학교 국어 교과서에 실린 한문 고전 가운데 빈도수가 높은 작품의 원문을 찾아 편찬하였다. 교과서에는 대부분의 작품이 국문으로 제시되어 있으나 적어도 이를 가르치는 교사는 원전에 가까운 모습을 보아야 작품의 진정한 의미를 알 수 있고, 또한 제대로 가르칠 수 있을 것이다. 따라서 교사를 꿈꾸는 학생이나 고전교육을 담당하는 교사라면 꼭 읽어야 하는 한문 고전의 원문을 현행 교과서의 내용을 중심으로 선정하였다.

　이 책의 구체적인 내용을 살펴보면 다음과 같다.

　제1장에서는 한문을 읽기 이전에 기초적으로 알아야 할 '한자(漢字)'에 대하여 설명하였다. 한자의 기원은 무엇인지, 어떻게 만들고 변천해왔는지, 어떻게 읽고 쓰고 운용해야 하는지에 대해서 자세하게 설명하였다.

　제2장에서는 한문(漢文)의 기초적인 문법을 설명함으로써 한문의 구성 원리를 이해시키고자 하였다. 한문의 구성 원리를 터득함으로써 한문 원전을 강독할 수 있는 발판을 마련하게 됨은 물론, 생활 한자어나 전공 한자어 등 한자어를 스스로 이해할 수 있는 능력까지 저절로 기를 수 있게 될 것이다.

　제3장에서는 중·고등학교 국어교과서 및 문학 교과서에 실린 한문 고전 가운데 빈도수가 높은 작품을 중심으로 원문을 찾아 소개하였다. 또 교과서에 실리지는 않았으나 『논어(論語)』나 『맹자(孟子)』처럼 고전적인 가치

가 있거나 우리 고전을 이해하기 위해서 반드시 읽어야 하는 작품, 마찬가지로 교과서에 실리지는 않았지만 우리 고전문학사에서 빼놓을 수 없는 중요한 작가들의 작품도 함께 실었다. 그리고 마지막으로 정통 한문은 아니지만 국한혼용문도 실험적으로 실어보았다. 근대 우리 민족의 사상과 정신을 담고 있는 매우 중요한 텍스트지만 요즘 세대들이 읽기에는 역시 많은 어려움을 느끼는 글이기 때문이다.

이제 한문 교육은 한자, 한자어 중심의 한문 교육과는 별도로 고전 교육으로서의 정체성을 되찾아야 한다고 생각한다. 또한 한문 고전을 교육할 때에도 고전 그 자체로서의 가치를 강조하는 데에 머물기보다는 보편적 개념으로서의 문학 교육이 되어야 하며, 궁극적으로는 문학·역사·철학을 포괄하는 종합적 인문 교육이 되어야 한다고 생각한다. 따라서 한자어 부분을 배제하고 한문 중심으로 교재를 편찬하였다. 아쉬운 점이 있다면 이 책은 혼자서도 충분히 공부할 수 있도록 만들어지지 못했다는 점인데, 앞으로 이러한 단점을 보완하여 예비 교사는 물론, 현직 교사 및 범교양인의 읽을거리로 거듭날 수 있게 되기를 기원해본다.

2005년 여름
편찬자 일동

▌목 차

2. 散文

3. 國漢混用文

제 1 장 한 자

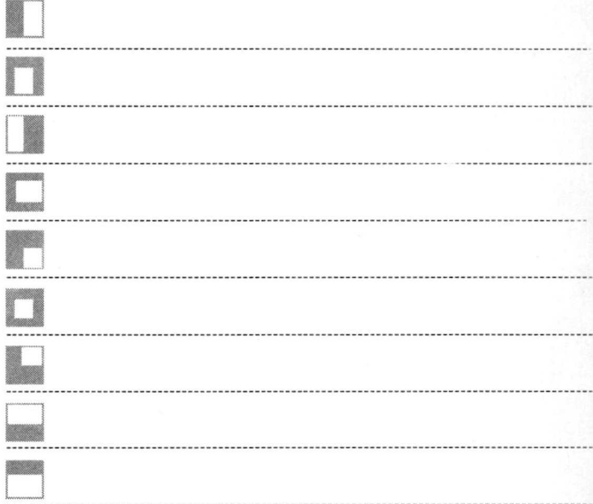

1. 한자의 기원과 전래

한자의 기원에 대해서는 여러 설이 있다. 첫째는 중국 고대 황제 때의 사관(史官)이었던 창힐(倉)이 새와 짐승의 발자국을 본떠 상형 문자(象形文字)를 창안한 데서 나왔다는 설이다. 둘째는 상고 시대에 복희씨가 자연 현상을 상징화시켜 팔괘(八卦)를 그어 문자로 사용한 데서 나왔다는 설이다. 이렇게 하여 만들어진 한자는 시간이 흐름에 따라 점점 더 많은 자수(字數)와 다양한 글자가 만들어졌다. 그리하여 『강희자전(康熙字典)』에 4만 6천 2백여 자나 수록되어 있다고 한다.

이 한자는 중국에서부터 사용되기 시작하였고 우리나라에 전래된 시기는 삼국시대 이전으로 보인다. 낙랑의 유적에서 한자가 발견되고, 백제 사람이었던 왕인(王仁)이 서기 285년(백제 고이왕 52년)에 논어와 천자문을 일본에 전해주었다는 기록에서 알 수 있다.

2. 서체(글씨체)의 변천

한자의 서체는 최초의 형태인 갑골문에서 시작되어 현재까지 많은 변화를 거듭해왔다. 이는 복잡한 필획을 간단한 필획으로 정리하고 좀더 빨리 쓰고자 하는 의도에 따른 것이기도 하다. 그리하여 갑골문, 금문, 주문, 전서, 예서, 해서, 행서, 초서 등으로 구분할 수 있다.

(1) 갑골문(甲骨文)

옛날에는 거북 등껍질, 짐승의 뼈를 이용하여 점을 쳤다. 그리고 점친 날짜, 점친 사람 이름, 점친 사정, 점의 내용 등을 거북의 등껍질이나 짐승의 뼈에 칼로 새겨 넣었던 글씨체이다. 내용이 복점이라는 이유로 복사(卜辭), 설문(契文)이라고 한다. 1899년 하남성에서 은허(殷墟)가 발굴되었고 그 이후 해독작업이 진행되면서 내용들이 파악되기 시작하였다. 이 갑골의 조각들은 대개 10만 여 개나 되며, 복점의 내용으로 제사, 전쟁 등에 관한 것이라고 한다.

(2) 금문(金文)

중국의 은대에 있었던 글자체이다. 금속기에 새겨진 문자로 주로 청동기에 새겨졌다. 은대부터 있었으나 주나라 때부터 춘추 시대에 걸쳐서 글자 모양이 정비되어 자획이 고정되기도 하였다.

(3) 주문(籒文)

금문에서 나온 것으로 중국 각 지방으로 금문이 퍼지면서 지방마다 다른 글자체들이 생겨났다. 대전(大篆)이라고도 한다. 대전은 소전에 대한 명칭이지만 주문이라고 한 것은 주나라의 선왕(宣王) 때 주(籒)라고 하는 사람이 만들었다고 하여 생긴 이름이다. 대전의 대표적인 것으로 석고문(石鼓文)이 있다.

(4) 전서(篆書)

소전(小篆)이라고도 한다. 진시황은 중국을 통일하고 각각 다른 여섯 나라의 문자를 통일하였다. 승상 이사(李斯)가 중심이 되어 글자체를 정비하였고, 전국시대 쓰였던 글자체를 간명하게 만들어 소전(小篆)이라고 한다. 주로 양을 재는 되, 저울 등에 새겨진 문장 등에 이 글자체를 사용하였다.

(5) 예서(隷書)

전서(篆書)의 복잡한 획을 간략하게 쓰고자 하여 만들어진 글씨체이다.

전서를 쓰는 데에 많은 시간이 필요했고 실용적 필요에 의해 만들어진 글자체이다. 좌서(佐書)라고도 하는데 당시 많이 쓰였던 소전에 대해 보조적으로 사용된 글자체라는 의미이다. 글자체가 간편하여 한나라에 들어오면서 일반적으로 사용되었고 비(碑)를 세울 때에 이 글자체를 썼다. 목간류, 죽간류, 백서(帛書) 등의 유물이 발굴되었다. 이후로 예서가 발전하여 해서, 행서, 초서로 발전해 나아갔다.

(6) 해서(楷書)

'해(楷)'자는 '모범'이라는 의미로, 모범으로 삼을 만한 글씨체라는 의미를 지닌다. 그리하여 정자체(正字體)라고도 한다. 후한 말기에 나타나기 시작하였다.

(7) 행서(行書)

해서보다 빨리 쓰고자 흘려 쓴 글씨체로서 흘림체라고 한다. 획을 연이어 쓰거나 해서를 약간 변형시켜 쓰기도 한다. 후한의 유덕승(劉德昇)이라는 사람이 만들었다고도 하는데 그 원래 모양을 행압서(行押書)라고 한다.

(8) 초서(草書)

행서보다 더 빠르게 쓰고 더 간단하게 쓴 글씨체이다. 흘림의 정도가 행서보다 심하며 글씨와 글씨를 연이어 쓰기도 한다.

갑골문 (성문)	금문	고문	전서	예서	행서	해서	초서

3. 제자(製字)와 운용(運用)원리-六書

(1) 상형(象形)

象形은 "모양(形)을 본뜨다"는 뜻 그대로 사물(事物)의 객관적인 윤곽이나 특징을 그대로 본따 그려내는 방식이다. 처음에는 물체의 모양을 그대로 그렸으나 갈수록 필획을 간단히 정리하게 되었다.

해 모양(日), 달 모양(月), 나무 모양(木), 사람 모양(人)

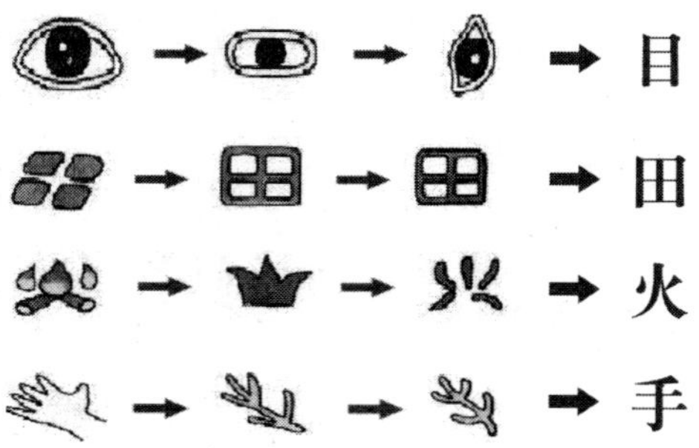

👁 →	⬭ →	👁 →	目
→	⊞ →	⊞ →	田
→	→	→	火
→	→	→	手

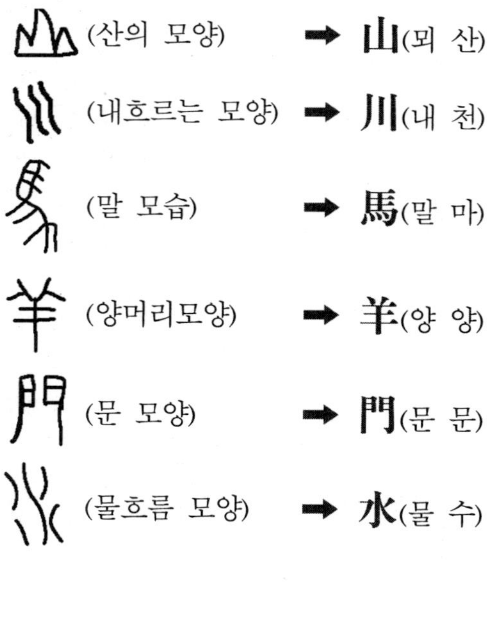

(산의 모양) →	山(뫼 산)
(내흐르는 모양) →	川(내 천)
(말 모습) →	馬(말 마)
(양머리모양) →	羊(양 양)
(문 모양) →	門(문 문)
(물흐름 모양) →	水(물 수)

(2) 지사(指事)

指事는 뜻 풀이로 '일(事)을 가리킨다(指)'라고 하듯이 시각적으로 볼 수 없는 무형(無形)의 추상적인 개념을 상징적인 부호(符號)로 표시하는 방식이다.

上(상) : 기준선의 위에 선을 하나 그어 위임을 나타낸 글자

下(하) : 기준선의 아래에 선을 하나 그어 아래임을 나타낸 글자

本(본) : 나무의 시작은 뿌리이므로 나무의 뿌리 부분에 선을 그어 근본임을 나타낸 글자

이 밖에도 一(한 일), 二(두 이), 三(석 삼) 등의 숫자, 末(끝 말) 등의 글자 등이 있다.

(3) 회의(會意)

회의는 '뜻(意)을 모은다(會)'는 의미이다. 두 개 이상의 상형자(象形字)나 지사자(指事字) 중 두 글자, 또는 세 글자가 지닌 의미를 결합해 새로운 의미를 가진 새로운 글자를 만들어내는 방식이다.

나무들이 모여 이룬 숲(林 : 수풀 림), 숲과 나무가 모여서 이루어낸 산림(森 : 나무 빽빽할 삼), 하늘의 해와 달은 밝다(明 : 밝을 명), 사람이 나무 밑에서 쉬다(休 : 쉴 휴) 등의 글자들이 그렇다.

이 외에도 信(人+言 : 믿을 신), 東(木+日 : 동녘 동), 炎(火+火 : 불탈 염), 焱(火+火+火 : 불꽃 염), 晶(日+日+日 : 밝을 정) 등도 회의 방식에 따라 만들어진 글자들이다.

(4) 형성(形聲)

形聲은 글자의 생김새(形 : 의미 부분)와 소리(聲 : 발음 부분)를 드러낼 수 있도록 구분해서 결합하는 방식이다. 결합하는 방식이 쉽고 글자를 보고 뜻과 음을 유추하기가 쉽기 때문에 형성 원리에 의해 만들어진 글자들이 많다. 그리하여 전체 한자 중 80% 이상이 형성원리에 의한 글자라고 한다.

日	靑	晴 : 맑을 청
'해, 또는 날씨'라는 의미를 보여주는 글자	'청'이라는 소리를 보여주는 글자	(날씨가 맑다는 의미이며 음은 '청'이다.
水	靑	淸 : 맑을 청
'물'이라는 의미를 보여주는 글자	'청'이라는 소리를 보여주는 글자	(물이 맑다는 의미이며 음은 '청'이다.

■뜻이 다르면서 음이 같은 경우

뜻 부분	음 부분	결합된 글자	결합된 글자의 뜻과 음
木	同	桐	오동나무 동
金	同	銅	구리 동
水	同	洞	골짜기 동
馬	同	駧	말 달릴 동
뜻은 다르지만 음이 모두 '동'이다.			

■ 뜻 부분이 서로 비슷하면서 음이 다른 경우

뜻 부분	음 부분	결합된 글자	결합된 글자의 뜻과 음
水	靑	淸	물 맑을 청
水	工	江	강 강
水	原	源	근원 원
水	羊	洋	큰 바다 양
음은 모두 다르나 의미상 '물'과 관계된다			

(5) 전주(轉注)

전주는 '굴러서(轉) 바뀌거나 변화되어 달라지다(注)'는 의미이다. 이미 만들어진 글자의 원래 의미가 변하여 달라진 새로운 의미를 갖게 되는 방식이다. 그러므로 새로운 글자를 만드는 원리가 아니라 기존의 글자의 의미를 변화시켜서 새로운 의미로 사용하는 것이다.

한자	음	뜻	실 례(實例)
樂	악	풍류	音樂(음악), 樂譜(악보), 樂器(악기)
	락	즐기다	娛樂(오락), 享樂(향락), 苦樂(고락)
	요	좋아하다	樂山樂水(요산요수)
惡	악	악하다	善惡(선악), 惡童(악동), 惡漢(악한)
	오	미워하다	憎惡(증오)

(6) 가차(假借)

가차란 '잠시 빌리는 것'이다. 발음이 같은 글자나 모양이 비슷한 글자를 빌려 표기하는 방식이다. 주로 외국어의 표기에 많이 사용한다. 새로운 글자를 만들어 내지 않고 이미 있는 글자를 다시 활용한다는 점에서 전주의 운용 방식과 같다.

印尼(인니 : 인도네시아) 奧林匹克(올림픽)
南無阿彌陀佛(나무아미타불) 希臘(희랍 : 그리이스)
可口可樂(코카콜라) 伊太利(이태리 : 이탈리아)
墺地利(오지리 : 오스트리아) 埃及(애급 : 이집트)
印度(인도 : 인디아) 臺灣(대만 : 타이완)
露西亞(노서아 : 러시아) 佛蘭西(불란서 : 프랑스)
華盛頓(화성돈 : 워싱턴) 巴里(파리 : 프랑스 수도)
香港(향항 : 홍콩) 比丘(비구 : 남자 승려)
比丘尼(비구니 : 여자승려) 咖啡(커피)
耶蘇(야소 : 예수) 佛陀(불타 : 붓다)
瓦斯(와사 : 가스)

4. 부수(部首)

(1) 부수란 무엇인가

부수(部首) 많은 한자를 체계적으로 분류하고 정리할 필요성에서 생겨
났다. 한나라의 허신(許愼)은 『설문해자(說文解字)』를 쓰면서 부수의 개념
을 도입하였다. 글자모양을 바탕으로 하여 같거나 비슷한 부분(글자)을 모
아서 부(部)로 하고, 이 공통 글자들을 그 부(部)의 맨 앞머리에 놓았다. 부
수는 글자의 의미를 밝혀 익히거나 글자를 찾는 데에 있어서도 편리한 요
소이다. 부수는 대개 그 글자의 의미와 관련되므로 부수 글자의 의미를
익혀두는 것이 좋다.

(2) 부수의 종류

부수는 한 글자 전체 중에서 부수글자가 놓여지는 위치에 따라 그 명칭
이 달라진다.

명 칭	글자 속에서의 위치	부수 글자	부수 명칭	부수 사용 글자
변 (邊)	글자의 왼쪽	亻	사람 인 변	仙, 仁
		彳	두인변(자축거릴 척변)	役, 往
		忄	마음 심 변	情, 快
		扌	손 수 변	技, 指
		氵	물 수 변(삼수 변)	淸, 海
		衤	옷 의 변	被, 袖
		阝	언덕 부 변(좌부 변)	陸, 限
방 (傍)	글자 오른쪽	刂	칼 도 방	劍, 割
		頁	머리 혈 방	頭, 願
		阝	고을 읍 방(우부 방)	都, 部
		鳥	새 조 방	鷄, 鶴
머리 (頭)	글자 위쪽	宀	집 면 머리(갓 머리)	安, 宅
		艹	풀 초 머리	芳, 苦
		竹	대 죽 머리	節, 答
발	글자 아래쪽	灬	불 화 발	無, 然
		皿	그릇 명 발	盛, 盡
		貝	조개 패 발	賣, 貨
엄호	글자 위와 왼쪽	广	집 엄 호	店, 度
		疒	병들어누울 녁 엄(병질엄)	病, 癌
		戶	지게 호 엄	房, 所
받침	글자 왼쪽과 아래쪽	廴	길게 걸을 인 받침 (민 책받침)	延, 建
		辶	쉬엄쉬엄 갈 착 받침 (책받침)	退, 通
		走	달릴 주 받침	趙, 趣
몸 (에운담)	글자 둘레 에워싸기	門	문 문 몸	開, 閉
		囗	큰 입 구 몸	國, 因

(3) 부수 총람

1획

一	한 일
丶	점
丨	뚫을 곤
丿	삐칠 별(삐침)
乙	새 을
亅	갈고리 궐

2획

二	두 이
亠	머리부분 두
人(亻)	사람인(인변)
儿	어진사람 인
八	여덟 팔
入	들 입
冂	멀 경
冖	덮을 멱,(민갓머리)
冫	얼음 빙(이수변)
几	책상 궤
凵	위터진 입구
刀(刂)	칼도(칼도방)
力	힘 력
勹	쌀 포
匕	비수 비
匚	상자 방(터진 입 구)
匸	감출 혜(터진에운 담)
十	열 십
卜	점 복
卩(㔾)	병부 절
厂	굴바위 엄(민엄호)
厶	사사로울 사(마늘 모)

3획

口	입 구
囗	에울 위(큰 입 구)
土	흙 토
士	선비 사
夂	뒤져올 치
夊	천천히 걸을 쇠
夕	저녁 석
大	큰 대

女	계집 녀
子	아들 자
宀	집 면 (갓머리)
寸	마디 촌
小	작을 소
尢	절름발이 왕
尸	주검 시
屮	싹날 철
山	뫼 산
川	내 천 …
工	장인 공
己	몸 기
巾	수건 건
干	방패 간
幺	작을 요
广	바위집 엄(엄 호)
廴	끌인 (민책받침)
廾	스물 입
弋	주살 익
弓	활 궁
彐(彑)	돼지머리 계
彡	터럭 삼
彳	걸을 척,(두인변)

4획

心(忄)	마음심(심방변)
戈	창 과
戶	문 호
手(扌)	손 수(재방변)
支	지탱할 지
攴(攵)	칠복(등글월문)
文	글월 문
斗	말 두
斤	도끼 근
方	모 방
无	이미 기 방
日	해 일
曰	가로 왈
月	달 월
木	나무 목

欠	하품 흠
止	그칠 지
歹(歺)	앙상한 뼈 알(죽을 사)
殳	창 수(갖은등글월문)
毋	말 무
比	견줄 비
毛	털 모
氏	각시 씨
气	기운 기 엄
水(氵)	물 수(삼수 변)
火(灬)	불 화(불화발)
爪(爫)	손톱 조
父	아비 부
爻	점괘 효
爿	장수장 변
片	조각 편
牙	어금니 아
牛(牜)	소 우
犬(犭)	개 견(개사슴록변)

5획

玄	검을 현
玉(王)	구슬 옥
瓜	오이 과
瓦	기와 와
甘	달 감
生	날 생
用	쓸 용
田	밭 전
疋	발필(필필변)
疒	병들 녁(병질 엄)
癶	어그러질 발(필발머리)
白	흰 백
皮	가죽 피
皿	그릇 명
目	눈 목
矛	창 모
矢	화살 시
石	돌 석
示	보일 시

内	발자국 유	豕	돼지 시	骨	뼈 골
禾	벼 화	豸	해태 태(갗은 돼지 시)	高	높을 고
穴	구멍 혈	貝	조개 패	髟	긴털드리울 표
立	설 립	赤	붉을 적		(터럭 발머리)
6획		走	달릴 주	鬪(鬥)	싸움 투
竹	대 죽	足	발 족	鬯	술 창
米	쌀 미	身	몸 신	鬲	오지병 격
糸	실 사 변	車	수레 차(거)	鬼	귀신 귀
缶	장군 부	辛	매울 신	**11획**	
网罔冈四罒		辰	별 진	魚	물고기 어
	그물 망	辵(辶)	뛸 착(책받침)	鳥	새 조
羊	양 양	邑	고을 읍(우부방)	鹵	소금밭 로
羽	깃 우	酉	닭 유	鹿	사슴 록
老(耂)	늙을 로	釆	분별할 변	麥	보리 맥
而	말이을 이	里	마을 리	麻	삼 마
耒	쟁기 뢰	**8획**		**12획**	
耳	귀 이	金	쇠 금	黍	기장 서
聿	붓 율	長(镸)	긴 장	黑	검을 흑
肉(月)	고기 육(육달월)	門	문 문	黹	바느질할 치
臣	신하 신	阜(阝)	언덕 부(좌부변)	**13획**	
自	스스로 자	隶	미칠 대	黽	맹꽁이 맹
至	이를지	隹	새 추	鼎	솥 정
臼	절구 구	雨	비 우	鼓	북 고
舌	혀 설	靑	푸를 청	鼠	쥐 서
舛	어그러질 천	非	아닐 비	**14획**	
舟	배 주	**9획**		鼻	코 비
艮	그칠 간	面	낯 면	齊	가지런할 제
色	빛 색	革	가죽 혁	**15획**	
艸(艹)	풀 초(초두)	韋	가죽 위	齒	이 치
虍	범 호 엄	韭	부추 구	**16획**	
虫	벌레 충	音	소리 음	龍	용 룡
血	피 혈	頁	머리 혈	龜	거북 귀
行	다닐 행	首	머리 수	**17획**	
衣(衤)	옷 의	飛	날 비	龠	피리 약
襾	덮을 아	食	밥 식		
7획		風	바람 풍		
見	볼 견	香	향기 향		
角	뿔 각	**10획**			
言	말씀 언	馬	말 마		
谷	골짜기 곡				
豆	콩 두				

(4) 부수의 변형

부수로 들어가는 글자는 글자 전체와의 균형을 맞추기 위해 원래 모습
이 변하는 경우가 많다.

변 형	원 형	명 칭	실 례
亻	人	사람인 변	仙, 信
刂	刀	칼도 변	劍, 割
川	巛	내천 변	州, 巢
扌	手	손수 변	技, 打
忄	心	마음심 변	情, 悅
氵	水	물수 변	河, 江
犭	犬	개견 변	狩, 猫
辶	辵	책받침	近, 遠
王	玉	구슬옥 변	珍, 球
礻	示	보일시 변	社, 祖
灬	火	불화 발	然, 無
彑	크	고슴도치머리계(튼가로왈)	彗, 彝
月	肉	육달월 변	腸, 肝
爫	爪	손톱조 머리	爭, 爲
衤	衣	옷의 변	衾, 表
覀	襾	덮을아 머리	要, 覆
阝	阜	언덕부 변	陸, 防
阝	邑	고을읍 방	都, 郡
攵	攴	칠복 방(둥글월문 방)	攻, 改
耂	老	늙을로 밑	者, 考
罒	网	그물 망 머리	羅, 罪
卩	巳	병부절	卽, 卯

(5) 부수 찾기 어려운 글자

글자	부수	글자	부수	글자	부수
幹(간)	干	去(거)	厶	五(오)	二
巨(거)	工	共(공)	八	云(운)	二
競(경)	立	民(민)	氏	年(년)	干
九(구)	乙	了(료)	亅	興(흥)	臼
南(남)	十	更(갱)	曰	化(황)	匕
丹(단)	丶	吏(리)	口	北(북)	匕
兩(량)	入	事(사)	亅	千(천)	十
也(야)	乙	上(상)	一	成(성)	戈
丁(정)	一	丸(환)	丶	我(아)	戈
之(지)	丿	乃(내)	丿	歸(귀)	止

5. 한자 쓰기 순서

(1) 왼쪽에서 오른쪽으로

왼쪽의 획부터 쓰고 오른쪽의 획을 순서대로 쓴다.

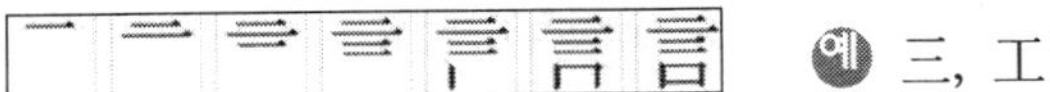

例 川, 外, 州

(2) 위에서 아래로

위의 획을 먼저 쓰고 아래로 가면서 쓴다.

例 三, 工

(3) 가운데 획부터

좌우 대칭인 형태의 글자는 가운데 획부터 쓰고 왼쪽, 오른쪽 획의 순서로 쓴다.

丁 才 才 水   예 火, 永, 小

(4) 가로로 꿰뚫는 획은 나중에

글자 전체를 가로로 꿰뚫는 획은 맨 나중에 쓴다

ㄴ 女 女   예 母

(5) 세로로 꿰뚫는 획은 나중에

글자 전체를 아래 위로 꿰뚫는 획은 맨 나중에 쓴다.

一 ㄆ ㅅ 쓰 平   예 半, 中, 車

(6) 삐침 먼저, 파임을 나중에

一 二 㐆 夫   예 父, 文

(7) 몸은 먼저

몸, 에운 담 부수와 같이 글자 전체를 싸는 획은 먼저 쓰고 그 안에 있
는 획을 나중에 쓴다.

丨 刀 冂 冋 同 同   예 國, 因, 匹, 問

(8) 오른쪽 어깨의 「丶」은 맨 마지막에 쓴다

丿 亻 仁 代 伐 伐   예 我, 成, 代

(9) 받침 부수는 나중에

민책받침, 책받침 등의 부수는 나중에 쓴다.

一 厂 斤 斤 斤 斤 近   예 延, 遠

6. 한자의 특성

(1) 한자의 삼요소

한자는 표의문자로서, 한 글자가 각각 글자의 형태, 글자의 음, 글자의 뜻을 동시에 포함하고 있다. 한자의 '글자 하나를 안다'는 것은 글자의 생김새(形), 음(音), 뜻(意) 등 세 가지를 모두 다 안다는 의미이기도 하다. 이에 따라 한자는 생김새가 다르면 음과 뜻이 다르고, 음이 달라지면 생김새와 뜻이 달라지기도 하며, 뜻이 다르면 음이나 생김새가 달라지기도 한다.

<table>
<tr><td rowspan="3">言</td><td>形</td><td>言</td></tr>
<tr><td>音</td><td>언</td></tr>
<tr><td>뜻</td><td>말. 말씀</td></tr>
</table>

<table>
<tr><td rowspan="3">永</td><td>形</td><td>永</td></tr>
<tr><td>音</td><td>영</td></tr>
<tr><td>뜻</td><td>길다</td></tr>
</table>

<table>
<tr><td rowspan="3">語</td><td>形</td><td>語</td></tr>
<tr><td>音</td><td>어</td></tr>
<tr><td>뜻</td><td>말. 말씀</td></tr>
</table>

<table>
<tr><td rowspan="3">迎</td><td>形</td><td>迎</td></tr>
<tr><td>音</td><td>영</td></tr>
<tr><td>뜻</td><td>맞이하다</td></tr>
</table>

(2) 一字 多音多意글자(同字異音異意)

한자는 음이 달라지면 뜻이 달라지기도 한다. 바꾸어 말하면 뜻이 달라지면 글자의 음도 달라진다. 이는 생김새가 다른 글자들은 물론이거니와 생김새가 같은 글자라 할지라도 음이 달라지면 뜻이 달라지고, 다른 뜻이면 음도 달라지기도 한다. 그리하여 글자 하나가 여러 개의 음, 여러 개의 뜻을 지니고 있는 경우도 있다.

한자	음	뜻	예	한자	음	뜻	예
降	강	내리다	降下, 降雨量	更	경	고치다	更新
	항	항복하다	降伏, 投降		갱	다시	更生
車	거	수레	自轉車, 車馬費	乾	건	하늘	乾坤
	차	수레	駐車, 自動車		건	마르다	乾木, 乾魚物
見	견	보다	見聞, 見學	滑	골	익살	滑稽談
	현	뵈다	謁見		활	미끄럽다	滑走路
龜	구	거북이	龜兎之說, 龜尾	數	수	세다, 셈하다	算數, 數學
	귀	거북이, 본받다	龜鑑		삭	자주	頻數
	균	터지다	龜裂		촉	촘촘하다	數罟
奈	나	어찌	奈落	內	내	안, 속	內容, 內外
	내	어찌	奈何		나	내시	內人
茶	다	차	茶菓, 茶室	丹	단	붉다	一片丹心, 丹靑
	차	차	茶禮, 綠茶		란	꽃이름	牡丹
宅	댁	집안	宅內	度	도	법도	制度, 度量衡
	택	집	宅配, 住宅		탁	헤아리다	忖度, 度地
讀	독	읽다	讀書, 多讀	復	복	회복하다	回復, 復歸
	두	구절	吏讀, 句讀		부	다시	復活
否	부	아니다	否認, 否決, 可否	北	북	북녘	南北, 北極
	비	막히다	否塞, 否運		배	지다	敗北
分	분	나누다	分數, 分裂	沸	비	끓다	沸騰
	푼	단위	分錢, 五分		불	용솟음치다	沸然
殺	살	죽이다	殺戮, 殺生	塞	새	변방, 변두리	要塞, 塞翁之馬
	쇄	감하다	相殺, 惱殺		색	막히다	充塞, 否塞
索	색	찾다	索出, 索引	省	성	살피다	省墓, 反省
	삭	쓸쓸하다, 줄	索寞, 鐵索		생	덜다	省略
衰	쇠	쇠하다	衰弱, 衰頹	率	솔	거느리다	統率, 率先垂範
	최	상복	齊衰		률	비율	確率, 比率
邪	사	사악하다	邪惡, 奸邪	惡	악	악하다, 나쁘다	善惡, 勸善懲惡
	야	어조사(의문)			오	싫어하다	憎惡, 好惡
樂	악	풍류	音樂, 樂器	說	설	말씀, 말하다	說敎, 說得
	락	즐겁다	娛樂, 享樂		세	달래다	遊說
	요	좋아하다	樂山樂水		열	기쁘다	說樂

한자	음	뜻	예
狀	상	모양	狀態, 狀況
	장	문서	賞狀 告訴狀
參	참	참여하다	參席, 參考
	삼	셋	參十
識	식	알다	知識, 識見
	지	기록, 표하다	標識
拾	습	줍다	拾得, 收拾
	십	열	拾萬
什	십	열	什萬
	집	가구	什器
寺	사	절	東學寺
	시	관청	司僕寺
易	역	바꾸다	貿易, 周易
	이	쉽다	難易, 容易
咽	인	목구멍	咽喉, 耳鼻咽喉科
	열	목메다	嗚咽
箸	저	나타나다	顯著, 著名
	착	붙다, 입다	附着, 着服
則	즉	곧	言則是也
	칙	법칙	規則, 守則
推	추	밀다	推戴, 推薦
	퇴	밀다	推敲
便	편	편하다	便利, 簡便
	변	오줌	便器, 便所, 大小便
暴	폭	드러내다	暴露
	포	사납다	暴惡
行	행	다니다, 가다	行人, 行進
	항	순서, 항렬	行列
切	절	끊다, 간절하다	切磋琢磨, 親切
	체	온통, 전부	一切
宿	숙	자다	宿食, 下宿
	수	별, 별자리	日月星宿
辰	신	때	生辰
	진	별, 지지(용)	辰宿, 壬辰年
食	식	먹다	飮食, 食堂
	사	밥	簞食瓢飮
屬	속	무리, 속하다	屬國
	촉	부탁하다	屬托
葉	엽	잎사귀	落葉, 葉草
	섭	성(姓)	葉氏
刺	자	찌르다	刺客, 刺戟
	라	수라	水刺
	척	찌르다	刺殺
炙	자	굽다	人口膾炙
	적	굽다	散炙
諸	제	모두	諸君, 諸般
	저	어조사	反求諸其身
拓	척	열다	開拓
	탁	박다	拓本
洞	동	골짜기, 마을	洞窟, 洞里
	통	밝다, 살피다	洞察
布	포	베, 삼베	布衣, 布木
	보	베풀다	布施
皮	피	가죽	皮革, 皮膚
	비	가죽	鹿皮
畵	화	그림	畵具, 東洋畵
	획	긋다	畵順

제 2 장 한문 문법의 기초

1. 한문의 기본 구조

(1) 주어 + 서술어

주어와 서술어가 결합한 형태로 "'주어'는 '서술어'이다.", "'주어'가 '서술어' 한다."와 같이 새긴다. 이 때 명사·형용사·동사·수사(數詞)·부사 등이 모두 서술어로 쓰일 수 있다.

月明	日沒	山高	日長
月出	日出	春來	花開
葉落	心亂	山靑	風暖
鳥飛	水淸	氷解	天高
天高馬肥	天佑神助	甘呑苦吐	外柔內剛
野花滿開	大器晩成		

鳶飛魚躍.

天長地久.

彼丈夫也　我丈夫也.

顔色憔悴　形容枯槁.

新沐者　必彈冠.

君子之言　寡而實.

天地者　萬物之逆旅

惻隱之心　仁之端也.

孔子聖人　世宗聖君也.

誠者天之道也　誠之者人之道也.

(2) 주어 + 서술어 + 목적어

> 서술어와 목적어가 결합된 형태로 "'주어'는 '목적어'를 '서술어'한다."와 같이 새긴다.

懷古	愛國	建國	避暑
事親	耕田	植樹	作文
讀書	敬老孝親	絶長補短	勸善懲惡
送舊迎新	溫故知新	矯角殺牛	

我讀書.

君子憂道.

得天下英才.

先義而後利.

不語怪力亂神.

忠武公破倭兵.

知者樂水 仁者樂山.

有終身之憂 無一朝之患.

(3) 주어 + 서술어 + 보어

> 서술어와 보어가 결합한 형태로 보통 "'주어'는 '보어'가 '서술어'한다."와 같이 새기며, 이때의 서술어는 주로 '有, 無, 難, 易, 多, 猶, 爲'와 같은 것들이다.

無禮	有益	無效	有用

無關	有害	多感	多幸
多情	難處	難忘	難解
難攻	非一非再	過猶不及	衆口難防
好事多魔	有口無言	多才多能	非夢似夢
事必歸正	人命在天		

我是學生.

少年易老.

難得易失.

檀君爲神仙.

君子有三樂.

百聞不如一見.

良藥苦口　忠言逆耳.

天時不如地利　地利不如人和.

(4) 주어 + 서술어 + 목적어 + 보어

서술어와 목적어와 보어가 결합한 형태로 보통 "'주어'는 '목적어'를 '보어'에게 '서술어'한다."와 같이 새긴다.

人謂我賢.

王賜酒於臣.

靑取之於藍.

君子歸罪於己.

孔子問禮於老子.

秦始皇策城於北方.

滕文公問爲國於孟子.

(5) 수식 구조

수식어와 피수식어로 이루어진 구조로서, 사물의 상태나 행동의 양태를 형용하는 경우에 사용한다.

❶ 관형어 + 체언

春風	白鳥	大海	紅葉
長江	明月	落葉	讀者
孝子	忠臣	幼兒	投手
聖人	淸水	祝辭	顔色
幼年	殘雪	武陵桃源	纖纖玉手
莫逆之友	累卵之危	管鮑之交	

❷ 부사어 + 용언

流出	自生	直行	漸進
長壽	獨唱	博愛	博覽
更生	代用	緩行	急行
必讀	專用	美化	强打
安息	神出鬼沒	苛斂誅求	終日而思
中道而廢	空手來空手去		

(6) 병렬 구조

> 두 개 이상의 서로 대등한 관계를 이루는 글자나 구가 결합한 구조이다.

❶ 유사한 의미의 글자가 결합한 한자어

思想	書冊	勇敢	恩惠
過失	怨恨	憤怒	歡喜
仁慈	成就	强健	永遠
崇尙	習慣	期待	樹立
禁止	混雜	緊要	詳細
等級	連續	技能	申告
優秀	貴重	關係	始初
終末	根本	末端	利益
年年歲歲	切磋琢磨		

❷ 반대 의미의 글자가 결합한 한자어

可否	是非	深淺	淸濁
動靜	進退	興亡	盛衰
善惡	眞假	哀歡	寒暑
明暗	剛柔	遠近	京鄕
得失	天地	表裏	早晚
開閉	加減	乘除	自他
彼此	始終	本末	因果
進退	增減	集散	利害
虛實	外虛內實	興亡盛衰	

❸ 때로 '與, 及, 且, 而' 등의 접속사로 병렬 구조를 만들기도 한다

我與汝

人心與道心

兄弟及姉妹

左氏春秋及孫吳兵法

驕且侈.

重且大.

魚躍而鳶飛.

溪深而魚肥.

2. 기본 문형 익히기

(1) 평서형(平敍形)

> 어떤 사실을 그대로 풀어 서술한 문장 형식이다. 보통 어말(語末)에 '也, 矣' 등의 어조사가 오며 어조사가 없는 경우도 있다.

吾韓國人也.

笑門萬福來.

劉備天下梟雄.

我非子 固不知子矣.

吳起者 衛人也 好用兵.

文章 經國之大業 不朽之盛事.

愛人者 人恒愛之 敬人者 人恒敬之.

(2) 부정형(否定形)

평서형 문장에 부정사(否定詞)인 '不, 非, 未, 無, 莫' 등이 쓰여 부정의 의미를 나타내는 문장형식이다. 부정형 문장은 순수하게 부정의 의미를 나타내기도 하고, 이중부정(二重否定)으로 강한 긍정을 나타내기도 하며, 금지를 명령하기도 한다.

❶ **순수 부정**－동작이나 상태 등을 부정하는 의미를 나타낸다.

　　取之無禁.

　　莫往莫來.

　　吾讀書未熟.

　　忠臣不事二君.

　　玉不琢不成器.

　　我心非石　不可轉也.

　　東西南北　莫可奔走.

❷ **이중부정의 강한 긍정**－부정사를 두 개 겹쳐 사용함으로써 강한 긍정의 의미를 나타낸다.

　　城非不高也.

　　王之不王　不爲也　非不能也.

　　楚自昭王卽位　無歲不有吳師.

　　天　積氣耳　亡處亡氣.

　　事雖小　不爲不成.

❸ **금지 명령**－주로 '毋'나 '勿' 자를 사용하여 '…하지 말라.'는 의미를 나타낸다.

己所不欲 勿施於人.

莫爲殺人.

毋友不如己者.

願諸君勿復言.

毋妄言.

❹ **부정형의 관용적 어구** — '非但'·'非特'·'非徒' 등의 어구는 '다만 …(할) 뿐
만이 아니다.'라는 의미의 관용적 표현이다.

此五者 非但人事 乃天道也.

此非特無術也 又乃無行.

非徒無益而又害之.

(3) 의문형(疑問形)

의문의 뜻을 나타내는 문장 형태로 의문사나 의문형 어조사를 사용한다. 의문
형 문장 중에는 겉으로 보기에는 의문형이지만 의미상으로는 어떤 의견에 대한
동조를 이끌어내기 위한 반어형(反語形)인 경우도 있다.

❶ **의문사를 사용하는 경우** — '誰, 孰, 何, 安, 惡, 焉, 胡, 奚, 曷' 등의 의문사를
사용하며 의문형 어조사를 쓰기도 하고 안 쓰기도 한다.

夫執輿者爲誰.

漢陽中誰最富.

沛公安在.

皮之不存 毛將安傅.

孰能無惑.

學惡乎始　惡乎終.

孟嘗君曰　客何好.

何爲浩然之氣.

吳起何如人哉.

商無本錢　奈何.

❷ **의문형 어조사를 사용하는 경우** – '乎, 與, 歟, 耶, 邪' 등의 의문형 어조사를
문장 끝에 둔다.

子亦有異聞乎.

公子畏死耶.

子路曰　君子尙勇乎.

天之蒼蒼　其正色耶.

王之所大欲　可得聞與.

秦歟　韓歟　將近代歟.

❸ **반어적 의문형** – 어세(語勢)를 강조하기 위해 의문형을 빌어 반문(反問)하는
문장 형태이다. 겉으로 보기에는 의문형 문장이나 대답을 요구하기보다 강한
동조를 이끌어내기 위한 의도로 쓰인다.

予豈好辯哉.

燕雀安知鴻鵠之志哉.

王侯將相　寧有種乎.

學而時習之　不亦說乎.

吏不當若是耶.

子非三閭大夫與.

解狐非子之仇邪.

安求其能千里也.

(4) 비교형(比較形)

> 　두 개의 대상의 상태나 성질을 단순 비교하거나, 우열을 비교하여 선택하는 의미를 나타낸다.

❶ '若, 如, 猶' 등을 사용하는 경우 — 우리말로 '…와 같다.'는 의미를 갖는다.

四海之內若一家.

過猶不及.

❷ '不如, 不若, 莫如, 莫若' 등을 사용하는 경우 — 우리말로 '…만 못하다.'는 의미를 갖는다.

百聞不如一見.

善政不如善教之得心也.

吾嘗跂而望矣 不如登高之博見也.

不若投諸江而忘之.

刻削之道 鼻莫如大 目莫如小.

知子莫若父.

❸ 어조사 '於, 于, 乎' 등을 사용하는 경우 — 형용사 다음에 '於, 于, 乎'를 쓰고 그 다음에 비교 대상을 쓴다.

靑取之於藍而靑於藍.

季氏富於周公.

今之詩異於古之詩.

國之語音異乎中國.

罪莫大於多欲.

(5) 사역형(使役形)

주체가 객체로 하여금 어떤 동작을 하게 하는 문장 형식이다. 보통 사역의 뜻을 가진 동사 '使, 令, 命, 敎, 遣, 俾' 등을 사용하며 때로는 사역의 의미를 갖는 동사 없이 문맥상 사역의 의미를 띠기도 한다.

使子路問之.

王使人掛鏡於前.

五色令人目盲　五音令人耳聾.

命故人書之.

不敎胡馬度陰山.

遣從者懷璧間行先歸.

俾予從欲以治.

遣春秋入高句麗.

止子路宿　殺鷄爲黍而食之.

死諸葛走生仲達.

(6) 피동형(被動形)

> 주체가 다른 사람으로부터 어떤 동작을 당하는 뜻을 나타내는 문장 형태로, 여러 가지 표현 방식이 있다.

❶ 피동의 뜻을 나타내는 '見, 被, 爲' 등의 글자와 동사를 함께 사용하는 경우

君子恥不修 不恥見汚 恥不信 不恥見不信.

公不見信於人 私不見助於友.

錯卒以被戮.

卒爲天下笑.

❷ 어조사 '於'를 사용하는 경우

有備則制人 無備則制於人.

勞心者治人 勞力者治於人.

吾舅死於虎.

君子役物 小人役於物.

❸ '爲' 또는 '爲… 所…' 형태를 사용하는 경우

彼之父兄爲戮於楚.

如姬父爲人所殺.

太祖爲流矢所中.

❹ 피동의 형태를 취하지 않아도 문맥상 피동의 의미를 갖는 경우

木受繩則直 金就礪則利.

(7) 가정형(假定形)

> 아직 일어나지 않은 상황을 가정하여 예상되는 결과를 서술하는 문장 형태로, 여러 가지 표현 방식이 있다.

❶ 가정의 의미를 나타내는 절 앞쪽에 '如, 若, 苟, 雖, 縱, 儻, /若使, 如使, 假使, 假令, 設令, 設使' 등의 어구를 사용하는 경우

若使天下兼相愛 愛人若愛其身.

苟非吾之所有 雖一毫而莫取.

縱吾不往 子寧不來.

雖有至道 弗學 不知其善也.

若使湯武不遇桀紂 未必王也.

❷ '微'(만약 …이 없다면, 아니라면)를 사용하는 경우

微太子言 臣願謁之.

微子之言 吾亦疑之.

❸ 가정의 형태를 취하지 않아도 문맥상 가정의 의미를 갖는 경우

不入虎穴 不得虎子.

(8) 감탄형(感歎形)

> 기쁨, 슬픔, 미움, 찬양 등의 감정을 표현하는 문장 형태로, 여러 가지 표현 방식이 있다.

❶ '嗚呼, 於乎, 嗟乎, 噫, 惡' 등의 감탄사를 사용하는 경우

嗚呼, 老矣 是誰之愆.

嗟乎, 燕雀安知鴻鵠之志哉.

噫, 天喪予 天喪予.

惡, 是何言也.

❷ '哉, 夫, 乎' 등의 어조사를 사용하는 경우

其霸也 宜哉.

今若是焉 非夫.

魏魏乎 舜禹之有天下也而不與焉.

善哉 鼓琴峩峩乎若泰山.

3. 故事成語

● **刻舟求劍** — 呂氏春秋

楚人有涉江者　其劍自舟中墜於水　遽契其舟曰　是吾劍之所墜　舟止
從其契者　入水求之　舟已行矣　而劍不行　求劍若此　不亦惑乎　以此
故法　爲其國　與此同　時已徙矣　而法不徙　以此爲治　豈不難哉

● **敎學相長** — 禮記

玉不琢不成器　人不學不知道　是故　古之王者　建國君民　敎學爲先
雖有嘉肴　弗食　不知其旨也　雖有至道　弗學　不知其善也　是故　學

然後知不足　敎然後知困　知不足然後能自反也　知困然後能自强也
故曰　敎學相長也

● **矛盾** — 韓非子

楚人有鬻盾與矛者　譽之曰　吾盾之堅　莫能陷也　又譽其矛曰　吾矛
之利　於物無不陷也　或曰　以子之矛　陷子之盾　何如　其人弗能應也

● **杞憂** — 列子

杞國有人　憂天崩墜　身無所寄　廢寢食者　又有憂彼之所憂者　因往
曉之曰　天　積氣耳　奈何憂崩墜乎　其人曰　天果積氣　日月星宿　不
當墜乎　曉之者曰　日月星宿　亦積氣中　有光曜者　只使墜　又不能
有所中傷　其人曰　奈地壞何　曉者曰　地　積塊耳　奈何憂其壞　其人
舍然大喜　曉之者　亦舍然大喜

● **蛇足(畵蛇添足)** — 戰國策

楚有祠者　賜其舍人巵酒　舍人相謂曰　數人飮之　不足　一人飮之
有餘　請畵地爲蛇　先成者　飮酒　一人蛇先成　引酒且飮之　乃左手
持巵　右手畵蛇曰　吾能爲之足　未成　一人之蛇成　奪其巵曰　蛇固
無足　子安能爲之足　遂飮其酒　爲蛇足者　終亡其酒

● **守株待兎** — 韓非子

宋人有耕田者　田中有株　兎走觸株　折頸而死　因釋其耒而守株　冀
復得兎　兎不可復得　而身爲宋國笑

● 漁父之利 — 戰國策

趙且伐燕　蘇代爲燕謂惠王曰　今日臣來　過易水　蚌方出曝　而鷸啄
其肉　蚌合而箝其喙　鷸曰　今日不雨　明日不雨　則有死蚌　蚌亦謂
鷸曰　今日不出　明日不出　則有死鷸　兩者不肯相舍　漁者得而并擒
之　今趙且伐燕　燕趙久相攻　以弊大衆　臣恐强秦之爲漁父也　願王
熟計之也　王曰　善　乃止

● 朝三暮四 — 列子

宋有狙公者　愛狙養之成群　能解狙之意　狙亦得公之心　捐其家口
充狙之欲　俄而匱焉　將限其食　恐衆狙之不馴於己也　先誑之曰　與
若茅　朝三而暮四　足乎　衆狙皆起而怒　俄而曰　與若茅　朝四而暮
三　足乎　衆狙皆伏而喜　物之以能鄙相籠　皆猶此也　聖人以智　籠
群愚　亦猶狙公之以智　籠衆狙也　名實不虧　使其喜怒哉

● 指鹿爲馬 — 蒙求

丞相趙高欲專秦權　恐群臣不聽　乃先設驗　持鹿獻於二世曰　馬也
二世笑曰　丞相誤邪　指鹿爲馬　問左右　或默或言　高陰中諸言鹿者
以法　後群臣皆畏高　無敢言其過

● 知彼知己 — 孫子

百戰百勝　非善之善者也　不戰而屈人之策　善之善者也　故上兵伐
謀　其次伐交　其次伐兵　下政攻城　攻城之法　爲不得已　知彼知己

百戰不殆 不知彼而知己 一勝一負 不知彼不知己 每戰必敗

● **螢雪之功** — 晉書

晉車胤幼 恭勤博覽 家貧 不常得油 夏日 以練囊 盛數十螢 照書
讀之 以夜繼日 後官至尙書郎 晉孫康 亦家貧無油 嘗映雪讀書
後官至御史大夫 今人 以書窓 謂螢窓 以書案 謂雪案 而稱勉學
謂螢雪之功者 由此故事也

● **狐假虎威** — 戰國策

虎求百獸而食之 得狐 狐曰 子無敢食我也 天帝使我長百獸 今子
食我 是逆天帝命也 子以我爲不信 吾爲子先行 子隨我後 觀百獸
之見我而敢不走乎 虎以爲然 故遂與之行 獸見之皆走 虎不知獸
畏己而走也 以爲畏狐也

제3장 작품의 이해와 감상

1. 詩

수나라 장수 우중문[1]에게(與隋將于仲文)
— 乙支文德[2]

神策究天文　妙算窮地理

戰勝功旣高　知足願云止

하산하는 동자를 떠나보내며(送童子下山)
— 金地藏[3]

空門寂寞汝思家　禮別雲房下九華

愛向竹欄騎竹馬　懶於金地聚金沙

添瓶澗底休招月　烹茗甌中罷弄花

好去不須頻下淚　老僧相伴有煙霞

---

1) 于仲文(우중문) : 수(隋)나라 대장군(大將軍)의 이름.

2) 乙支文德(을지문덕) : 생몰년 미상. 고구려의 장군. 수나라 양제(煬帝)가 침공하자 거짓으로 패해 도망가는 척하면서 극도로 지치게 만드는 한편 희롱조의 오언시를 보내 회군(回軍)을 종용하였으니 그것이 바로 이 시이다. 결국 거짓 항복을 청해 퇴각의 구실을 만들어주는 척하면서 일대 반격전을 전개하여 살수(薩水)를 건너는 수나라 군을 배후에서 공격해 불과 2,700명만을 살려 보내는 대전과를 거두었다. 그의 생애를 다룬 작자 미상의 고전소설 『을지문덕전(乙支文德傳)』과 신채호(申采浩)가 지은 전기소설 『을지문덕(乙支文德)』(1908) 등이 전한다.

3) 金地藏(김지장) : 695(효소왕 4)~794(원성왕 10). 신라의 승려. 왕손으로 성은 김씨(金氏)이고 법호는 교각(喬覺)이다. 24세 때 중국으로 건너가 중국 4대 불교 성지의 하나인 구화산(九華山) 성지의 창시자가 되었다. 794년 갑자기 제자들을 모아놓고 고별인사를 한 뒤 참선하다가 99세의 나이로 입적하였는데 3년 후에도 시체가 썩지 않고 법신(法身)의 보살로 화하여 육신전(肉身殿)을 건립하였다. 구화산에 있는 동안 많은 시(詩)를 지어 자신의 심정을 토로한 것이 당나라 시집에도 수록되어 많은 사랑을 받았는데 이 시도 그 가운데 하나이다.

비 내리는 가을밤에(秋夜雨中)
— 崔致遠[4]

秋風唯苦吟 世路少知音

窓外三更雨 燈前萬里心

님을 보내며(送人)
— 鄭知常[5]

雨歇長堤草色多 送君南浦動悲歌

大同江水何時盡 別淚年年添綠波

4) 崔致遠(최치원) : 857(문성왕 19)~? . 신라 하대의 학자·문장가로 6두품 출신의 지식
   인 중 가장 대표적인 인물이다. 당나라에 유학하여 빈공과(賓貢科)에 합격하고 고변
   의 종사관(從事官)이 되어 천하에 문명을 떨치다가 귀국하였으나, 당시 신라 말기의
   어지러운 사회 현실과 자신의 정치적 이상과의 사이에서 빚어지는 심각한 고민을
   해결하지 못하고 결국 가야산 해인사에 들어가 은거하였다. 이후 신선이 되었다는
   속설이 전해 내려오고 있다.
5) 鄭知常(정지상) : ?~1135(인종 13). 고려 중기의 문신. 초명은 지원(之元). 호는 남호
   (南湖). 서경(西京) 출신으로 묘청의 서경 천도 운동에 가담했다가 김부식(金富軾)이
   이끄는 개경의 토벌군에 패해 참살되었는데, 신채호는 이 일의 실패를 '조선일천년
   래 제일대사건(朝鮮一千年來 第一大事件)'이라고까지 표현하며 애석해하였다. 노장사
   상·역학(易學)·불교(佛敎)에 조예가 깊었고 그림·글씨에 능통했으며, 고려 12시인
   중의 하나로 특히 사륙변려체(四六騈麗體)를 잘 썼다고 한다.

소악부(小樂府)

― 閔思平6)

安東紫青

紅絲綠絲與靑絲　安用諸般雜色爲

我欲染時隨意染　素絲於我最相宜

月精花

黑雲橋亦斷還危　銀漢潮生浪靜時

如此昏昏深夜裏　街頭泥濘欲何之

반타석(盤陀石)

― 李滉7)

黃濁滔滔便隱形　安流帖帖始分明

可憐始許奔衝裏　千古盤陀不轉催

---

6) 閔思平(민사평) : 1295(충렬왕 21)~1359(공민왕 8). 고려 후기의 문신. 본관은 여흥(驪興). 자는 탄부(坦夫), 호는 급암(及庵). 충숙왕 때 문과에 급제한 후 예문춘추관수찬(藝文春秋館修撰)·성균관 대사성 등을 역임하였다. 이제현(李齊賢)과 함께 문명을 날렸으며, 이 작품도 이제현의 <소악부>에 화답한 것으로 칠언절구 6수가 남아 있다. 한시 안에 민요의 진솔한 사연을 담으려고 하였기에 주목된다.

7) 李滉(이황) : 1501(연산군 7)~1570(선조 3). 조선 중기의 문신·학자. 본관은 진보(眞寶). 자는 경호(景浩), 호는 퇴계(退溪). 을사사화 후에 병약함을 구실로 모든 관직을 고사하고 고향에 기거하면서 도덕을 강조하는 주리적(主理的) 퇴계학파를 형성하여 많은 제자를 길러내었다. 봄바람처럼 온화하였다 하며, 70세 되던 해 11월에 평소 사랑하던 매화분에 물을 주게 하고 침상을 정돈시킨 후 일으켜 달라 해 단정히 앉은 자세로 역책(易責-임종)하였다. 문순(文純)이라는 시호가 내려졌으며, 일본 유학 및 중국의 개화기 지도자에게도 큰 영향을 끼쳤다.

천왕봉(天王峰)8)

— 曹植9)

請看千石鐘　非大扣無聲

爭似頭流山　天鳴猶不鳴

박연폭포(朴淵)10)

— 黃眞伊11)

一派長川噴壑礱　龍湫百仞水㳽㳽

飛泉倒瀉疑雲漢　怒瀑橫垂宛白虹

雹亂霆馳彌洞府　珠舂玉碎徹晴空

遊人莫道廬山12)勝　須識天磨13)冠海東

---

8) 天王峰(천왕봉) : 지리산의 주봉이자 최고봉. 1915m.

9) 曹植(조식) : 1501(연산군 7)~1572(선조 5). 조선 중기의 학자. 본관은 창녕(昌寧). 자는 건중(健中), 호는 남명(南冥). 과거를 포기하고 평생을 처사(處事)로서 본격적인 학문 연구와 덕성 함양에 전념하였다. 영남좌도의 이황과 쌍벽을 이루는 영남우도의 학풍을 대표하는 학자로서, 이황과 달리 의리철학 또는 생활철학을 표방하였으며 강인한 성격으로 재야의 비판자 역할을 하였다. 평생 칼과 방울을 몸에 지니고 다니며 심신을 닦았다고 한다. 시호는 문정(文貞)이다.

10) 박연폭포 : 개성 북쪽 천마산과 성거산 사이의 웅장한 화강암 암벽에 걸쳐 있는 폭포. 금강산 구룡폭포·설악산 대승폭포와 함께 우리나라 3대 폭포 가운데 하나이며, 서경덕·황진이와 더불어 송도삼절(松都三絶)로 유명하다.

11) 黃眞伊(황진이) : 생몰년 미상. 조선 중기의 명기(名妓). 본명은 진(眞), 기명(妓名)은 명월(明月). 개성(開城) 출신으로 확실한 생존연대는 미상이나 중종 때 사람으로 비교적 단명하였던 것으로 보고 있다. 당시 10년 면벽수도로 생불(生佛)이라 불리던 지족선사(知足禪師)를 파계시키고, 유학자인 서경덕을 유혹하려 하였으나 실패한 뒤에 사제관계를 맺었다는 이야기는 유명하다. 박연폭포(朴淵瀑布)와 서경덕, 그리고 자기 자신을 '송도삼절(松都三絶)'이라 자칭하였으며, 빼어난 미모에 서사(書史)에 정통하고 예술적 감수성이 매우 풍부하였다고 한다.

12) 廬山(여산) : 중국의 산 이름. 이 곳에 큰 폭포가 있는데 이백(李白)의 '비류직하삼

봄날에 홀로 앉아(春晝獨坐)
— 宋翼弼[14)

畫永鳥無聲 雨餘山更靑

事稀知道泰 居靜覺心明

日午千花正 池晴萬象形

從來言語淺 默識此間靜

불일암[15)에서 인운 스님께 드리다(佛日庵贈因雲釋)
— 李達[16)

山在白雲中 白雲僧不掃

客來門始開 萬壑松花老

천척(飛流直下三千尺)’이라는 시로 유명하다.

13) 天摩(천마) : 지금의 경기도 남양주시 진접읍과 화도면 경계에 있는 산. 높이 812m.

14) 宋翼弼(송익필) : 1534(중종 29)~1599(선조 32). 조선 중기의 학자. 본관은 여산(礪山). 자는 운장(雲長), 호는 구봉(龜峯). 할머니가 천첩의 소생이라 신분이 미천하였으나 아버지 송사련이 역모를 조작, 고발하여 공신이 됨으로써 유복하게 자랐다. 후에 사실이 밝혀지면서 도피 생활에 들어가 일정한 거처 없이 친구·문인들의 집을 전전하다 불우하게 죽었다. 이이(李珥)·성혼(成渾)과 성리학을 논변하였으며 특히 예학(禮學)에 밝아 김장생(金長生)에게 큰 영향을 주었다. 시와 문장에도 뛰어나 선조조 8문장으로 불렸으며 자신의 학문과 재능에 대한 자부심이 무척 강하였다고 한다. 시호는 문경(文敬)이다.

15) 佛日庵(불일암) : 지리산 국립공원 내 쌍계사 계곡에 불일폭포가 있고 폭포 옆 좁은 절벽 끝에 불일암이라고 하는 작은 암자가 있다. 신라 말기에 진감국사가 창건하였다.

16) 李達(이달) : 1539(중종 34)~1612(광해군 4). 조선 중기의 시인. 본관은 신평(新平). 자는 익지(益之), 호는 손곡(蓀谷). 당시의 유행인 송시(宋詩)를 버리고 당시(唐詩)로 일가를 이루어 최경창·백광훈과 함께 삼당시인(三唐詩人)이라고 불렸다. 서얼이었기 때문에 문과에 응시할 수도 없었지만 기술직으로 나아가지도 않고 자유분방한 성격으로 온 나라 안을 떠돌아다니면서 시를 지었다. 일흔이 넘도록 자식도 없이 평양 여관에 얹혀살다가 죽었다고 한다. 허균과 난설헌 남매가 스승으로 모시고 시를 배웠으며, 김만중(金萬重)은 『서포만필』에서 조선시대 오언절구 가운데 그가 지은 <별이예장(別李禮長)>을 최고로 꼽은 바 있다.

연밥 따는 노래(采蓮曲)
— 許楚姬17)

秋淨長湖碧玉流　荷花深處繫蘭舟

逢郎隔水投蓮子　遙被人知半日羞

꿈속의 넋(夢魂)
— 李玉峯18)

近來安否問如何　月到紗窓妾恨多

若使夢魂行有跡　門前石路半成沙

---

17) 許楚姬(허초희) : 1563(명종 18)~1589(선조 22). 조선 중기의 여류시인. 본관은 양천 (陽川). 자는 경번(景樊), 호는 난설헌(蘭雪軒). 허균(許筠)의 누이로 뛰어난 재능에 좋은 교육을 받았으며 특히 이달에게서 시를 배웠다. 그러나 남편의 외도와 시어 머니의 학대, 자녀의 죽음 등 불행한 결혼 생활에 설상가상으로 친정에 옥사(獄事) 가 일어나는 등 비극이 잇달면서 27세의 나이에 요절하였다. '조선에 여자로 태어 나 김성립의 아내가 된 것이 세 가지 한'이라 하였다고 하며 그 때문인지 그녀가 남긴 시 213수 가운데 128수가 속세를 떠나고 싶은 유선시(遊仙詩)로 이루어졌다. 유고로 허균이 엮은 『난설헌집』이 있으며 중국과 일본에서도 간행되어 격찬을 받 았다.

18) 李玉峯(이옥봉) : 생몰년 미상. 옥천군수 이봉(李逢)의 서녀로 태어나 양반의 정실이 되지 못할 바에는 차라리 존경할만하며, 또 자신의 시재(詩才)를 알아주는 사람의 소실이 되기를 자처하여 조원(趙瑗)의 소실로 들어갔다. 그러나 이웃사람이 소도둑 누명을 쓰고 관아에 잡혀갔을 때 그 아내의 부탁으로 소장(訴狀)에 시를 써준 것이 빌미가 되어 남편에게 소박을 맞고 쫓겨났으며 임진왜란 통에 비극적인 죽음을 맞 았다. 현재 30여 수의 시가 여기저기 남아 있는데 허난설헌의 시와 함께 중국에까 지 알려져 널리 인정받았다고 한다.

양기의 절단을 애통해하며(哀絶陽)
— 丁若鏞[19]

蘆田少婦哭聲長　哭向縣門號穹蒼

夫征不復尙可有　自古未聞男絶陽

舅喪已縞兒未澡　三代名簽在軍保

薄言往愬虎守閣　里正咆哮牛去皁

磨刀入房血滿席　自恨生兒遭窘厄

蠶室淫刑豈有辜　閩囝去勢良亦慽

生生之理天所予　乾道成男坤道女

騸馬豶豕猶云悲　況乃生民思繼序

豪家終歲奏管絃　粒米寸帛無所捐

均吾赤子何厚薄　客窓重誦鳲鳩篇

[19] 丁若鏞(정약용) : 1762(영조 38)~1836(헌종 2). 조선 후기의 실학자. 자는 미용(美鏞). 호는 다산(茶山)·여유당(與猶堂). 근기(近畿) 남인 가문 출신으로, 정조의 지우를 입었으나 청년기에 접했던 서학(西學)으로 인해 전남 강진에서 장기간 유배생활을 하였다. 그러나 이 기간 동안 자신의 학문을 연마해 육경사서(六經四書)에 대한 연구를 비롯, 일표이서(一表二書 : 『經世遺表』, 『牧民心書』, 『欽欽新書』) 등 모두 500여 권에 이르는 어마어마한 양의 저술을 남겼고 이 저술들을 통해서 조선 후기 실학 사상을 집대성하였다. 당대 사회의 모순을 고발한 다수의 사회시, 우화시를 남겼다.

이언(俚諺)[20]
— 李鈺[21]

雅調

福手紅絲盃　勸郎合歡酒
一盃生三子　三盃九十壽

艶調

未耐鳳仙花　先試鳳仙葉
每恐爪甲靑　猶作紅爪甲

宕調

歡莫當儂鬂　衣沾冬栢油
歡莫近儂脣　紅脂軟欲流

悱調

爲君似羅海　女子是托身
縱不可憐我　如何虐我頻

---

20) 俚諺(이언) : ‘속된 노래’라는 뜻.

21) 李鈺(이옥) : 1760(영조 36)~1812(순조 12). 조선 후기의 문인. 본관은 미상, 자는
　　기상(其相), 호는 문무자(文無子). 성균관 유생으로 있으면서 소설문체를 즐겨 써서
　　정조가 문체를 개혁한 뒤에 과거에 나아가도록 명하였으나 여전히 고치지 않아
　　문체반정의 표적이 되었다. 밑바닥 계층의 다양한 인물을 그린 23편의 전(傳)과,
　　남녀간의 애정을 적극 수용한 65수의 민요풍의 한시 <이언(俚諺)>이 유명하다.

목숨을 끊으며(絶命詩)
— 黃玹[22]

難離滾到白頭年　幾合捐生却未然

今日眞成無可奈　輝輝風燭照蒼天

妖氛掩翳帝星移　九闕沈沈晝漏遲

詔勅從今無復有　琳琅一紙淚千絲

鳥獸哀鳴海嶽嚬　槿花世界已沈淪

秋燈掩卷懷千古　難作世間識字人

曾無支廈半椽功　只是成仁不是忠

止竟僅能追尹穀[23]　當時愧不躡陳東[24]

---

22) 黃玹(황현) : 1855(철종 6)~1910. 조선 말기의 순국지사·시인·문장가. 본관은 장수(長水). 자는 운경(雲卿), 호는 매천(梅泉). 과거를 보아 관직에 나아갔으나 수구파 정권의 부정부패에 실망하여 귀향한 뒤 학문에 열중하였다. 동학농민운동과 갑오경장, 청일전쟁이 연이어 일어나자 위기감을 느껴 『매천야록(梅泉野錄)』, 『오하기문(梧下記聞)』 등 자신의 경험과 견문을 담은 글을 남겼으며, 1910년 8월 일제에 의해 강제로 나라를 빼앗기자 통분해 절명시 4수를 남기고 다량의 아편을 먹고 자결하였다. 1962년에 건국훈장 독립장이 추서되었다.

23) 尹穀(윤곡) : 중국 송나라 때의 충신. 관직이 상덕추관(常德推官), 숭양(崇陽)의 장관에 이르렀으며 몽고의 군사가 쳐들어왔을 때 일문(一門)이 모두 자결하였다.

24) 陳東(진동) : 중국 송나라 때의 충신. 흠종(欽宗) 때 금(金)나라와의 화친론자인 채경(蔡京)·동관(童貫) 등 육적(六賊)을 주살하고 주전론자인 이강(李綱)을 다시 등용하게 하였으나, 고종(高宗) 즉위 후 화친론자들에게 밀려 기시형(棄市刑)을 당하였다.

하얼빈가(哈爾濱歌)
― 安重根[25]

丈夫處世兮　蓄志當奇

時造英雄兮　英雄造時

北風其冷兮　我血則熱

慷慨一去兮　心屠鼠賊

凡我同胞兮　毋忘功業

萬歲萬歲兮　大韓獨立

관저(關雎)

關關[26]雎鳩　在河之洲

窈窕淑女　君子好逑

參差荇菜　左右流之

窈窕淑女　寤寐求之

---

25) 安重根(안중근) : 1879(고종 16)~1910. 조선 말기의 교육가·의병장·의사(義士). 본
관은 순흥(順興). 교육을 통해 독립 사상을 고취하는 것이 중요하다는 신념으로 한
때 삼흥학교(三興學校)와 돈의학교(敦義學校)를 운영하다가 이후 항일운동에 적극
뛰어들어 대한의용군 참모중장의 자격으로 군대를 운영하고 수 차례 전투에 참여
하였다. 1909년 10월 블라디보스토크에서 침략의 원흉 이토오 히로부미를 권총으
로 살해하여 다음 해 여순 감옥에서 사형 당하였는데, 재판과정에서의 당당한 태
도와 정연한 논술에 일본인들도 감복하였다 한다. 죽음을 앞두고 두 아우에게 "내
가 죽거든 시체는 우리나라가 독립하기 전에는 반장(返葬)하지 말라."고 유언하였
다 한다.
26) 關關(관관) : 의성어, 새 우는 소리.

求之不得　寤寐思服

悠哉悠哉　輾轉反側

參差27)荇菜　左右采之

窈窕淑女　琴瑟友之

參差荇菜　左右芼之

窈窕淑女　鐘鼓樂之

〈詩經, 周南〉

치마를 걷고서(褰裳)

子惠思我　褰裳涉溱

子不我思　豈無他人

狂童之狂也且

子惠思我　褰裳涉洧

子不我思　豈無他士

狂童之狂也且

〈詩經, 鄭風〉

---

27) 參差(참치) : 높이가 고르지 않은 상태.

칠보시(七步詩)
— 曹植[28]

煮豆持作羹　漉菽以爲汁

萁在釜下然　豆在釜中泣

本自同根生　相煎何太急

달 아래서 홀로 잔을 들며(月下獨酌)
— 李白[29]

花間一壺酒　獨酌無相親

擧林邀明月　對影成三人

月旣不解飮　影徒隨我身

暫伴月將影　行樂須及春

我歌月徘徊　我舞影凌亂

醒時同交歡　醉後各分散

永結無情遊　相期邀雲漢

절구(絶句)
— 杜甫[30]

江碧鳥逾白　山靑花欲然

今春看又過　何日是歸年

---

28) 曹植(조식) : 중국 위나라 때의 문인. 조조의 아들로 문장으로 유명했다.
29) 李白(이백) : 중국 당나라 때의 시인. 현종의 총애를 받았다고 한다.
30) 杜甫(두보) : 중국 당나라 때의 시인. 이백과 더불어 중국의 대표 시인으로 불린다.

춘망(春望)
— 杜甫

國破山河在　城春草木深

感時花濺淚　恨別鳥驚心

烽火連三月　家書抵萬金

白頭搔更短　渾欲不勝簪

강가의 눈(江雪)
— 柳宗元[31]

千山鳥飛絶　萬逕人蹤滅

孤舟簑笠翁　獨釣寒江雪

---

31) 柳宗元(유종원) : 중국 중당시기의 시인.

2. 散文

고조선(古朝鮮)[32]

魏書云　乃往二千載　有壇君王儉　立都阿斯達(經云無葉山　亦云白岳　在白州地　或云在開城東　今白岳宮是)　開國號朝鮮　與高同時　古記云　昔有桓因(謂帝釋也)　庶子桓雄　數意天下　貪求人世　父知子意　下視三危太伯　可以弘益人間　乃授天符印三箇　遣往理之　雄率徒三千　降於太伯山頂(卽太伯今妙香山)　神壇樹下　謂之神市　是謂桓雄天王也　將風伯雨師雲師　而主穀主命主病主刑主善惡　凡主人間三百六十餘事　在世理化　時有一熊一虎　同穴而居　常祈于神雄　願化爲人　時神

---

32) 古朝鮮(고조선) : 三國遺事에 수록되어 있다. 檀君이라는 왕의 탄생과 朝鮮이라는 나라의 성립에 관한 이야기이다. 이 이야기의 구조는 우리 민족의 의식세계를 상징적인 체계를 갖추고 있다. 우리민족의 정체성을 설명할 수 있는 교육 자료로 활용할 수 있을 것이다. 「三國遺事」의 저자는 일연(一然)이다. 일연(1206~1289)은 고려시대의 僧侶 僧科에 급제하여 大禪師에까지 오름 그가 편한 <三國遺事>는 <三國史記>에서 기록하지 못한 三國의 이야기를 담고 있다 특히 신라시대의 鄕歌와 각 나라의 성립과 왕의 탄생과 관련된 神異로운 이야기들을 담은 이 책은 한국문학의 寶庫라 할 수 있다

遺靈艾一炷 蒜二十枚曰 爾輩食之 不見日光百日 便得人形 熊虎得
而食之 忌三七日 熊得女身 虎不能忌 而不得人身 熊女者無與爲婚
故每於壇樹下 呪願有孕 雄乃假化而婚之 孕生子 號曰壇君王儉 以
唐高卽位五十年庚寅(唐高卽位元年戊辰 則五十年丁巳 非庚寅也 疑
其未實) 都平壤城(今西京) 始稱朝鮮 又移都於白岳山阿斯達 又名弓
(一作方)忽山 又今彌達 御國一千五百年 周虎王卽位己卯 封箕子於
朝鮮 壇君乃移藏唐京 後還隱於阿斯達 爲山神 壽一千九百八歲 唐
裵矩傳云 高麗本孤竹國(今海州) 周以封箕子爲朝鮮 漢分置三郡 謂
玄菟-樂浪-帶方(北帶方) 通典亦同此說(漢書則眞臨樂玄四郡 今云三
郡 名又不同 何耶)

〈三國遺事〉

주몽(朱蒙)33)

　　高句麗　卽卒本扶餘也　或云今和州　又成州等　皆誤矣　卒本州在遼

東界　國史高麗本紀云　始祖東明聖帝　姓言高氏　諱朱蒙　先是　北扶餘

王解夫婁　旣避之于東扶餘　及夫婁薨　金蛙嗣位　于時得一女子於太伯

山南優渤水　問之云　我是河伯之女　名柳花　與諸弟出遊　時有一男子

自言天帝子解慕漱　誘我於熊神山下鴨邊室中知私之　而往不返[壇君

記云　君與西河伯之女要親　有産子　名曰夫婁　今按此記　則解慕漱　私

河伯之女　而後産朱蒙　壇君記云　産子名曰夫婁　夫婁與朱蒙　異母兄

弟也]　父母責我無媒而從人　遂謫居于此　金蛙異之　幽閉於室中　爲日

光所照　引身避之　日影又逐而照之　因而有孕　生一卵　大五升許　王棄

之與犬猪　皆不食　又棄之路　牛馬避之　棄之野　鳥獸覆之　王欲剖之

而不能破　乃還其母　母以物裹之　置於暖處　有一兒破殻而出　骨表英

---

33) 이 이야기는 고구려를 건국한 고주몽의 탄생과 그 일생에 관한 것이다. 어머니 유
　　화부인과 북부여에서 자랐으나 금와왕 아들의 시기를 받아 북부여를 떠났고, 후에
　　고구려를 세웠다. 이야기가 영웅서사담의 구조와 매우 흡사하다.

奇　年甫七歲　岐嶷異常　自作弓失　百發百中　國俗謂善射爲朱蒙　故以

名焉　金蛙有七子　常與朱蒙遊戱　技能莫及　長子帶素言於王曰　朱蒙

非人所生　若不早圖　恐有後患　王不聽　使之養馬　朱蒙知其駿者　減食

令瘦　駑者善養令肥　王自乘肥　瘦者給蒙　王之諸子與諸臣　將謀害之

蒙母知之　告曰　國人將害汝　以汝才略　何往不可　宜速圖之　於是蒙與

鳥伊等三人爲友　行至淹水[今未詳]　告水曰　我是天帝子　河伯孫　今

日逃遁　追者垂及　奈何　於是魚鼈成橋　得渡而橋解　追騎不得渡　至卒

本州[玄郡之界]　遂都焉　未遑作宮室　但結廬於沸流水上居之　國號高

句麗　因以高爲氏[本姓解也　今自言是天帝子　承日光而生　故自以高

爲氏]　時年十二歲　漢孝元帝建昭二年甲申歲　卽位稱王　高麗全盛之

日　二十一萬五百八戶

〈三國遺事〉

동명왕편 서(東明王篇 序)34)

― 李奎報35)

世多說東明王神異之事 雖愚夫駭婦 亦頗能說其事 僕嘗聞之 笑曰 先師仲尼 不語怪力亂神 此實荒唐奇詭之事 非吾曹所說 及讀魏書通典 亦載其事 然略而未詳 豈詳內略外之意耶 越癸丑四月 得舊三國史 見東明王本紀 其神異之迹 踰世之所說者 然亦初不能信之 意以爲鬼幻 及三復耽味 漸涉其源 非幻也 乃聖也 非鬼也 乃神也 況國史直筆之書 豈妄傳之哉 金公富軾重撰國史 頗略其事 意者公以爲國史矯世之書 不可以大異之事爲示於後世而略之耶 按唐玄宗本紀 楊貴妃傳 并無方士升天入地之事 唯詩人白樂天恐其事淪沒 作歌以志之 彼實荒淫奇誕之事 猶且詠之 以示于後 東明之事 非以變化神異眩惑衆目 乃實創國之神迹 則此而不述 後將何觀 是用作詩以記之 欲使夫天下知我國本聖人之都耳

〈東國李相國集〉

---

34) 고려 때까지 구전되던 고주몽 이야기에 대해 이규보는 허탄한 이야기라고 믿었으나, 되풀이해서 읽는 동안 신성한 이야기임을 깨달아 그에 대해 서사시를 지었다. 이 글은 그 시의 서문이다.

35) 李奎報(이규보) : 1168~1241. 字는 春卿, 號는 白雲居士. 고려 후기의 문장가.

신라의 시조 혁거세왕(新羅始祖赫居世王)

辰韓之地[36] 古有六村 一曰 閼川楊山村 南今曇嚴寺 長曰謁平 初降于瓢嚴峰 是爲及梁部李氏祖[弩禮王九年置 名及梁部 本朝太祖天福五年庚子 改名中興部 波潛 東山 彼上 東村屬焉] 二曰 突山高墟村 長曰蘇伐都利 初降于兄山 是爲沙梁部[梁讀云道 或作逐亦音道] 鄭氏祖 今曰南山部 仇良伐 麻等烏 道北 廻德等南村屬焉[稱今曰者 太祖所致也 下例知] 三曰 茂山大樹村 長曰俱[一作仇]禮馬 初降于伊山[一作皆比山] 是爲漸梁[一作逐]部 又牟梁部孫氏之祖 今云長福部 朴谷村等西村屬焉 四曰 山珍支村[一作賓之 又賓子 又氷之] 長曰智伯虎 初降于花山 是爲本彼部崔氏祖 今曰通仙部 柴巴等東南村

---

36) 기원전후부터 AD 4세기 무렵까지 주로 지금의 낙동강 동쪽 경상도 지역에 형성되어 있던 여러 정치집단을 통괄하는 명칭이다. <삼국지> 동이전에는 12개의 소국이 보이며 규모가 큰 것은 4,000~5,000가(家), 작은 것은 600~700가 정도였다고 한다. <삼국지> 진한조에 의하면 진한의 노인들이 말하기를 자신들은 망명인으로 진(秦)나라의 고역을 피해 한(韓)으로 왔는데 마한(馬韓)이 그들의 동쪽 땅을 나누어주었다고 한다. 3세기 후반부터 4세기 중반 사이에 사로국(斯盧國)에 의해 통합되어 삼국의 하나인 신라로 발전했다.

屬焉 致遠乃本彼部人也 今皇龍寺南 味呑寺南有古墟 云是崔侯古宅

也 殆明矣 五曰 金山加利村[今金剛山栢栗寺之北山也] 長曰沱 [一

作只他] 初降于明活山 是爲漢岐部 又作韓岐部裵氏祖 今云加德部

上下西知乃兒等東村屬焉 六曰 明活山高耶村 長曰虎珍 初降于金剛

山 是爲習比部薛氏祖 今臨川部 勿伊村 仍仇彌村 闕谷[一作葛谷]

等東北村屬焉 按上文 此六部之祖 似皆從天而降 弩禮王九年 始改

六部名 又賜六姓 今俗中興部爲母 長福部爲父 臨川部爲子 加德部

爲女 其實未詳 前漢地節元年壬子[古本云 建虎元年 又云建元三年

等 皆誤] 三月朔 六部祖各率子弟 俱會於閼川岸上 議曰 我輩上無

君主臨理蒸民 民皆放逸 自從所欲 盍覓有德人 爲之君主 立邦設都

乎 於是乘高南望 楊山下蘿井傍 異氣如電光垂地 有一白馬跪拜之狀

尋檢之 有一紫卵[一云靑大卵] 馬見人長嘶上天 剖其卵得童男 形儀

端美 驚異之 浴於東泉[東泉寺在詞腦野北] 身生光彩 鳥獸率舞 天

地振動 日月淸明 因名赫居世王[蓋鄕言也 或作弗矩內王 言光明理

世也 說者云 是西述聖母之所誕也 故中華人 讚仙桃聖母 有娠賢肇

邦之語是也 乃至鷄龍現瑞産閼英 又焉知非西述聖母之所現耶] 位號

曰居瑟邯[或作居西干 初開口之時 自稱云 閼智居西干一起 因其言

稱之　自後爲王者之尊稱]　時人爭賀曰　今天子已降　宜覓有德女君配

之　是日　沙梁里閼英井[一作娥利英井]邊　有鷄龍現　而左脇誕生童女

[一云龍現死　而剖其腹得之]　姿容殊麗　然而唇似鷄觜　將浴於月城北

川　其觜撥落　因名其川曰撥川　營宮室於南山西麓[今昌林寺]　奉養二

聖兒　男以卵生　卵如瓠　鄕人以瓠爲朴　故因姓朴　女以所出井名名之

二聖年至十三歲　以五鳳元年甲子　男立爲王　仍以女爲后　國號徐羅伐

又徐伐[今俗訓京字云徐伐　以此故也]　或云斯羅　又斯盧　初王生於鷄

井　故或云鷄林國　以其鷄　龍現瑞也　一說　脫解王時　得金閼智　而鷄

鳴於林中　乃改國號爲鷄林　後世遂定新羅之號　理國六十一年　王升于

天　七日後　遺體散落于地　后亦云亡　國人欲合而葬之　有大蛇逐禁　各

葬五體爲五陵　亦名蛇陵　曇嚴寺北陵是也　太子南解王繼位

〈三國遺事〉

탈해왕(脫解王)

脫解齒叱今[37)][一作吐解尼師今]　南解王時[古本云　壬寅年至者謬
矣　近則後於弩禮卽位之初　無爭讓之事　前則在於赫居世之世　故知壬
寅非也]　駕洛國海中　有船來泊　其國首露王　與臣民鼓譟而迎　將欲留
之　而舡乃飛走　至於鷄林東下西知村阿珍浦[今有上西知　下西知村
名]　時浦邊有一嫗名阿珍義先　乃赫居王之海尺之母　望之謂曰　此海
中元無石巖　何因鵲集而鳴　拏舡尋之　鵲集一舡上　舡中有一櫃子　長
二十尺　廣十三尺　曳其船　置於一樹林下　而未知凶乎吉乎　向天而誓
爾　俄而乃開見　有端正男子　幷七寶奴婢滿載其中　供給七日迺言曰
我本龍城國人[亦云正明國　或云琓夏國　琓夏或作花厦國　龍城在倭東
北一千里]　我國嘗有二十八龍王　從人胎而生　自五歲六歲　繼登王位

---

37) 신라 초기의 왕호(王號). 제3대 유리왕(儒理王) 때부터 제18대 실성왕 때까지 사용했
다. <삼국사기> 유리이사금조에 보면 이사금은 '치리'(齒理)라는 뜻으로 이[齒]가
많은 사람 즉 연장자는 성스럽고 지혜로운 사람(聖智人)이라는 말에서 유래되었으며
김대문(金大問)도 치리의 방언이라고 설명했다. 유리왕과 탈해왕이 서로 왕위를 사
양하다가 이가 많은 사람이 왕위에 올랐으므로 이사금이라고 했다는 설화가 전한다.

敎萬民修正性命　而有八品姓骨　然無揀擇　皆登大位　時我父王含達婆

聘積女國王女爲妃　久無子胤　禱祀求息　七年後　産一大卵　於是大王

會問群臣　人而生卵　古今未有　殆非吉祥　乃造櫃置我　幷七寶奴婢載

於舡中　浮海而祝曰　任到有緣之地　立國成家　便有赤龍　護舡而至此

矣

　　言訖　其童子曳杖率二奴　登吐含山上　作石塚　留七日　望城中可居

之地　見一峯如三日月勢可久之地　乃下尋之　卽瓠公宅也　乃設詭計

潛埋礪炭於其側　詰朝至門云　此是吾祖代家屋　瓠公云否　爭訟不決

乃告于官　官曰　以何驗是汝家　童曰　我本冶匠　乍出隣鄕　而人取居之

請掘地檢看　從之　果得礪炭　乃取而居焉　時南解王　知脫解是智人　以

長公主妻之　是爲阿尼夫人

　　一日吐解登東岳　廻程次　令白衣索水飮之　白衣汲水　中路先嘗而

進　其角盃貼於口不解　因而噴之　白衣誓曰　爾後若近遙　不敢先嘗　然

後乃解　自此白衣讋服　不敢欺罔　今東岳中有一井　俗云遙乃井是也

　　及弩禮王崩　以光虎武帝中元六二年丁巳六月　乃登王位　以昔是吾

家取他人家　故因姓昔氏　或云　因鵲開櫃　故去鳥字　姓昔氏　解櫃脫卵

而生　故因名脫解　在位二十三年　建初四年己卯崩　葬疏川丘中　後有

神詔 愼埋葬我骨 其髑髏周三尺二寸 身骨長九尺七寸 齒凝如一 骨

節皆連瑣 所謂天下無敵力士之骨 碎爲塑像 安闕內 神又報云 我骨

置於東岳 故令安之[一云 崩後 二十七世文虎武王代 調露二年庚辰

三月十五日 辛酉夜 見夢於太宗 有老人貌甚威猛 曰 我是脫解也 拔

我骨於疏川丘 塑像安於土含山38) 王從其言 故至今國祀不絶 卽東岳

神也云]

〈三國遺事〉

---

38) 土含山(토함산) : 경상북도 경주시 덕황동·불국동과 양북면의 사이에 있는 산, 높
　　이 745m 신라시대에는 동악(東岳)이라 하여 왜구의 침범을 막는 호국의 진산(鎭山)
　　으로 신성시했다.

연오랑과 세오녀(延烏郞 細烏女)

第八阿達羅王卽位四年丁酉 東海濱 有延烏郞 細烏女 夫婦而居

一日延烏歸海採藻 忽有一巖[一云一魚] 負歸日本 國人見之曰 此非

常人也 乃立爲王 [按日本帝記 前後無新羅人爲王者 此乃邊邑小王

而非眞王也] 細烏怪夫不來 歸尋之 見夫脫鞋 亦上其巖 巖亦負歸如

前 其國人驚訝 奏獻於王 夫婦相會 立爲貴妃是時 新羅日月無光 日

者奏云 日月之精 降在我國 今去日本 故致斯怪 王遣使來求二人 延

烏曰 我到此國 天使然也 今何歸乎 雖然朕之妃 有所織細 綃以此祭

天可矣 仍賜其綃使人來奏 依其言而祭之 然後日月如舊 藏其 於御

庫爲國寶 名其庫爲貴妃庫 祭天所名迎日縣 又都祈野

〈三國遺事〉

거북이와 토끼 이야기(龜兎之說)[39]

密贈王之寵臣先道解　道解以饌具來　相飮酒　戲語曰　子亦嘗聞龜

兎之說乎　昔　東海龍女病心　醫言　得兎肝合藥　則可療也　然海中無兎

不奈之何　有一龜　白龍王言　吾能得之　遂登陸見兎言　海中有一島　清

泉白石　茂林佳菓　寒暑不能到　鷹不能侵　爾若得至　可以安居無患　因

負兎背上　游行二三里許　龜顧謂兎曰　今龍女被病　須兎肝爲藥　故不

憚勞　負爾來耳　兎曰　噫　吾神明之後　能出五藏　洗而納之　日者　小覺

心煩　遂出肝心洗之　暫置巖石之底　聞爾甘言徑來　肝尙在彼　何不廻

歸取肝　則汝得所求　吾雖無肝尙活　豈不兩相宜哉　龜信之而還　上岸

---

39) 이 글은 원래 <삼국사기> 열전 중 김유신 열전에 포함되어 있다. 국경과 땅 문제
로 고구려와 신라가 대립했을 때 김춘추가 고구려에 갔었다. 왕이 김춘추를 돌려
보내지 않아 김춘추는 내심 걱정하고 있었는데 고구려의 신하 중 선도해가 김춘추
를 방문하여 이 이야기를 들려주는 장면이다. 후대에 널리 알려진 동물담이 본서
에 실려 있는 희귀한 예이다. 후대에는 소설 토끼전이나 판소리 수궁가로 전해지
면서 더욱 많은 변모를 겪었다. <삼국사기>를 쓴 사람은 金富軾(김부식)이다. 김
부식(1075~1151)은 고려시대의 文臣 字는 立之 號는 雷川 그가 편찬한 <三國史記>
五十卷은 신라 백제 고구려 삼국의 역사를 기록한 우리나라 最古의 歷史書이다 특
히 이 책에 수록된 列傳은 다양한 인물들의 삶을 기록한 것으로 한국문학에서 소
설로서 탐구되고 있다.

兎脫入草中　謂龜曰　愚哉　汝也　豈有無肝而生者乎龜憫默而退　春秋

聞其言　喩其意　移書於王曰　二嶺　本大國地分　臣歸國　請吾王還之

謂予不信　有如日　王悅焉

〈三國史記〉

도미 이야기(都彌)[40]

都彌 百濟人也 雖編戶小民 而頗知義理 其妻美麗 亦有節行 爲時

人所稱 蓋婁王[41]聞之 召都彌與語曰 凡婦人之德 雖以貞潔爲先 若

在幽昏無人之處 誘之以巧言 則能不動心者 鮮矣乎 對曰 人之情不

可測也 而若臣之妻者 雖死無貳者也 王欲試之 留都彌以事 使一近

臣 假王衣服馬從 夜抵其家 使人先報王來 謂其妻曰 我久聞爾好 與

都彌博得之 來日入爾爲宮人 自此後 爾身吾所有也 遂將亂之 婦曰

國王無妄語 吾敢不順 請大王先入室 吾更衣乃進 退而雜飾一婢子薦

之 王後知見欺 大怒 誣都彌以罪 矐其兩眸子 使人牽出之 置小船

泛之河上 遂引其婦 强欲淫之 婦曰 今良人已失 單獨一身 不能自持

---

40) 이 작품은 三國史記 列傳에 기록되어 있다. 백제사람 도미와 아름다운 그의 아내가
　　겪는 고통이 사실적으로 기록되어 있다. 끝내 백제를 떠나 고구려의 유랑민으로
　　살 수밖에 없었던 비극적인 내용을 담고 있다.

41) 蓋婁王(개루왕) : 백제 제4대 왕(128~166 재위). 아버지는 기루왕(己婁王)이다. 132
　　년 북한산성을 쌓아 대방군(帶方郡)의 옛 땅을 합치고 북방 진출을 시도하기 위한
　　근거를 마련했다.

況爲王御　豈敢相違　今以月經　渾身汙穢　請俟他日薰浴而後來　王信

而許之　婦便逃至江口　不能渡　呼天慟哭　忽見孤舟隨波而至　乘至泉

城島　遇其夫未死　掘草根以喫　遂與同舟　至高句麗蒜山之下　麗人哀

之　丐以衣食　遂苟活　終於羈旅

〈三國史記〉

수로부인(水路夫人)[42]

聖德王代　純貞公赴江陵太守　(今溟州)行次海汀晝饍　傍有石嶂　如屏

臨海　高千丈　上有躑躅花盛開　公之夫人水路見之　謂左右曰　折花獻者其

誰　從者曰　非人跡所到　皆辭不能　傍有老翁牽㸿牛而過者　聞夫人言折其

花　亦作歌詞獻之　其翁不知何許人也　便行二日程　又有臨海亭　晝饍次海

龍忽攬夫人入海　公顚倒躃地　計無所出　又有一老人　告曰　故人有言　衆

口鑠金　今海中傍生　何不畏衆口乎　宜進界內民　作歌唱之　以杖打岸　則

可見夫人矣　公從之　龍奉夫人出海獻之　公問夫人海中事　曰　七寶宮殿

所饌甘滑香潔　非人間煙火　此夫人衣襲異香　非世所聞　水路姿容絶代　每

經過深山大澤　屢被神物掠攬　衆人唱海歌詞曰　龜乎龜乎出水路　掠人婦

女罪何極　汝若傍逆不出獻　入網捕掠燔之喫　老人獻花歌曰　紫布岩乎　邊

希執音乎手母牛放敎遺　吾肹不喩慚肹伊賜等　花肹折叱可獻乎理音如

〈三國遺事〉

---

42) 三國遺事에 수록되어 있다 江陵太守 水路夫人의 기이한 행적이 이야기의 중심을 이
　　루고 있다. 이야기 중에 나오는 노래인 海歌의 가사는 龜旨歌와 흡사하여 그것과의
　　관련성이 연구의 한 분야를 차지하기도 한다.

처용 이야기(處容郎)[43]

第四十九　憲康大王之代[44]自京師至於海內　比屋連墻　無一草屋

笙歌不絶道路　風雨調於四時　於是大王遊開云浦　(在鶴城西南　今蔚

州) 王將還駕　晝歇於汀邊　忽雲霧冥曀　迷失道路　怪問左右　日官奏

云　此東海龍所變也　宜行勝事以解之　於是勅有司　爲龍刱佛寺近境

施令已出　雲開霧散　因名開雲浦　東海龍喜　乃率七子現於駕前　讚德

獻舞奏樂　基一子隨駕入京　輔佐王政　名曰處容　王以美女妻之　欲留

其意　又賜級干職　其妻甚美　疫神欽慕之　變爲人　夜至基家　竊與之宿

處容自外至其家　見寢有二人　乃唱歌作舞而退　歌曰　東京明期月良夜

入　伊游行如可入良沙寢矣見昆脚烏伊四是良羅　二肹隱吾下於叱古

二肹隱誰支下焉古本矣　吾下是如馬於隱奪叱良乙何如爲理古　時神

---

43) 三國遺事에 수록되어 있다. 이야기의 배경이 신라 憲康王代로 되어 있는 향가 처용
　　가의 배경설화이기도 하다. 처용의 행적이 신비롭고 상징적이다. 또 이 이야기에
　　는 처용의 탈을 쓰고 추는 處容舞가 등장한다.
44) 신라의 제49대 왕(875~886 재위). 성은 김씨(金氏), 이름은 정(晸). 경문왕의 맏아들
　　로 어머니는 문의왕후(文懿王后)이며 비는 의명부인(懿明夫人)이다.

現形 跪於前曰 吾羨公之妻 今犯之矣 公不見怒 感而美之 誓今已後
見畵公之形容 不入其門矣 因此 國人門巾占處容之形 以僻邪進慶
王旣還 乃卜靈鷲山東麓勝地 置寺 曰望海寺 亦名新房寺 乃爲龍而
置也 又幸鮑石亭 南山神現舞於御前 左右不見 王獨見之 有人現舞
於前 王自作舞 以像示之 神之名或曰祥審 故至今國人傳此舞 曰御
舞祥審 或曰御舞山神 或云 旣神出舞 審象其貌 命工摹刻 以示後代
故云象審 或云霜髥舞 此乃以其形稱之 又幸於金剛嶺時 北岳神呈舞
名玉刀鈐 又同禮殿宴時 地神出舞 名地伯級干 語法集云 于時山神
獻舞 唱歌云 智理多都波都波等者 盖言以智理國者 知而多逃 都邑
將破云謂也 乃地神山神知國將亡 故作舞以警之 國人不悟 謂爲現瑞
耽樂滋甚 故國終亡

〈三國遺事〉

거타지 이야기(居陁知)[45]

　　此王代[46]阿飡良貝　王之季子也　奉使於唐　聞百濟海賊梗於津鳧

選弓四五十人隨之　舟工次鵠島 (鄕云骨大島) 風濤大作　信宿浹旬　公

患之　使人卜之　曰島有神池　祭之可矣　於是具奠於池上　池水湧高丈

餘　夜夢有老人　謂公曰　善射一人　留此島中　可得便風　公覺而以事諮

於左右曰　留誰可矣　衆人曰　宜以木簡五十片書我輩名　沈水而鬮之

公從之　軍士有居陁知者　名沈水中　乃留其人　便風忽起　舡進無滯　居

陁愁立島嶼　忽有老人　從池而出　謂曰　我是西海若　每一沙彌　日出之

時　從天而降　誦陁羅尼　三繞此池　我之夫婦子孫皆浮水上　沙彌取吾

子孫肝腸　食之盡矣　唯存吾夫婦與一女爾　來朝又必來　請君射之　居

陁曰　弓矢之事吾所長也　聞命矣　老人謝之而沒　居陁隱伏而待　明日

---

45) 三國遺事에 수록되어 있다. 활 잘 쏘는 신라의 軍士 居陁에 관한 이야기이다 괴물
　　에 시달리는 노인을 돕고 그의 딸을 아내로 삼는다. 당나라에서는 使臣으로서 후
　　한 대접을 받는다는 내용이다.
46) 신라 51대 왕인 眞聖女王 때를 말한다.

扶桑旣暾 沙彌果來 誦呪如前 欲取老龍肝 時居陁射之中沙彌 卽變

老狐 墜地而斃 於是老人出而謝曰 受公之賜 全我性命 請以女子妻

之 居陁曰 見賜不遺 固所願也 老人以其女 變作一枝花 納之懷中

仍命二龍 捧居陁趁及使舡 仍護其舡 入於唐境 唐人見新羅舡有二

龍負之 具事上聞 帝曰 新羅之使 必非常人 賜宴坐於群臣之上 厚以

金帛遺之 旣還國 居陁出花枝變女同居焉

〈三國遺事〉

김현이 호랑이를 감동시키다(金現感虎)[47]

新羅俗　每當仲春[48]　初八至十五日　都人士女　競遶興輪寺之殿塔

爲福會　元聖王代　有郎君金現者　夜深獨遶不息　有一處女　念佛隨遶

相感而目送之　遶畢　引入屛處通焉　女將還　現從之　女辭拒而强[49]隨

之　行至西山之麓　入一茅店　有老嫗問女曰　附率者　何人　女陳其情

女嫗曰　雖好事　不如無也　然遂事不可諫也　且藏於密　恐汝弟兄之惡

也　把郎而匿之奧　小選[50]　有三虎咆哮而至　作人語曰　家有腥膻[51]之

氣　療飢何幸　嫗與女叱曰　爾鼻之爽乎　何言之狂也　時有天唱　爾輩嗜

害物命尤多　宜誅一以徵惡　三獸聞之　皆有憂色　女謂曰　三兄若能遠

避而自懲　我能代受其罰　皆喜俛首妥尾而遁去　女入謂郎曰　是吾恥君

---

47) 三國遺事에 수록되어 있다. 주인공 김현이 異流인 호랑이와 지극한 사랑을 이룬다
　　는 가슴 절절한 내용을 담고 있다. 불교적인 색채가 짙은 작품이다.

48) 仲春(중춘) : 음력 2월.

49) 强(강) : 억지로.

50) 少選(소선) : 잠시 후에.

51) 腥膻(성단) : 비린내.

子之辱臨弊族 故辭禁爾 今旣無隱 敢布腹心 且賤妾之於郞君 雖曰

非類 得陪一夕之歡 義重結縭之好 三兄之惡 天旣厭之 一家之殃 予

欲當之 與其死於等閑人之手 曷若伏於郞君之刃下 以報之德乎 妾以

明日入市爲害劇 則國人無如我何 大王必募以重爵而捉我矣 君其無

惻 追我乎城北林中 吾將待之 現曰 人交人 彝倫之道 異類而交 盖

非常也 旣得從容 固多天幸 何可忍賣於伉儷之死 僥倖一世之爵祿乎

女曰 郞君無有此言 今妾之壽夭 盖天命也 亦吾願也 郞君之慶也 予

族之福也 國人之喜也 一死而五利備 其可違乎 但爲妾創寺講眞詮

資勝報 則郞君之惠 莫大焉 遂相泣而別 次日果有猛虎入城中 剽甚

無敢當 元聖王聞之 申令曰 戡虎者 爵二級 現詣闕奏曰 小臣能之

乃先賜爵以激之 現持短兵入林中 虎變爲娘子 熙怡而笑曰 昨夜共郞

君繾綣之事 惟君無忽 今日被爪傷者 皆塗興輪寺醬 聆其寺之螺鉢聲

則可治 乃取現所佩刀 自頸而仆 乃虎也 現出林而託曰 今玆虎易搏

矣 匿其由不洩 但依諭而治之 其瘡皆効 今俗亦用其方 現旣登庸 創

寺於西川邊 號虎願寺 常講梵網經 以導虎之冥遊 亦報其殺身成己之

恩 現臨卒 深感前事之異 乃筆成傳 俗始聞知 因名論虎林 稱于今

〈三國遺事〉

머리에 석남가지를 꽂다(首揷石枏)[52]

新羅崔伉字石南 有愛妾 父母禁之 不得見數月 伉暴死 經八日 夜中伉往妾家. 妾不知其死也 顚喜迎接 伉首揷石枏 枝分與妾曰 父母許與汝同居 故來耳 遂與妾還 到其家 伉踰垣而入 夜將曉 久無消息 家人出見之 問來由 妾具說 家人曰 伉死八日 今日欲葬 何說怪事 妾曰 良人與我 分揷石枏枝 可以此爲驗 於是 開棺視之 屍首揷石枏 露濕衣裳 履已穿矣 妾知其死 痛哭欲絶 伉乃還蘇 偕老三十年而終

〈大東韻府群玉〉

---

52) <新羅殊異傳>에 수록되어 있으며 후에 나온 <大東韻府群玉>에도 실려 있다. 신라 최항이라는 사람의 죽음을 초월하여 사랑을 이루는 이야기이다. 神異性을 띤 내용을 담고 있다.

조신(調信)[53]

昔新羅爲京師時 有世逹寺(今興敎寺也)之莊舍 在溟州㮈李郡(按地
理志 溟州無㮈李郡 唯有㮈城郡 本㮈生郡 今寧越 又牛首州領縣有㮈
靈郡 本㮈已郡 今剛州 牛首州今春州 今言㮈李郡 未知孰是) 本寺遣
僧調信爲知莊 信到莊上 悅(太)守金昕公之女 惑之深 屢就洛山大悲前
潛祈得幸 方數年間 其女已有配矣 又往堂前怨大悲之不遂已 哀泣至
日暮 情思倦憊 俄成假寢 忽夢金氏娘容豫入門 粲然啓齒而謂曰 兒早
識上人於半面 心乎愛矣 未嘗暫忘 迫於父母之命 强從人矣 今願爲同
穴之友 故來爾 信乃顚喜 同歸鄕里 計活四十餘霜 有兒息五 家徒四
壁 藜藿不給 遂乃落魄扶携 糊其口於四方 如是十年 周流草野 懸鶉
百結 亦不掩體 適過溟州蟹縣嶺 大兒十五歲者忽餒死 痛哭收瘞於道
從率餘四口 到羽曲縣(今羽縣也) 結茅於路傍而舍 夫婦老且病 飢不能

---

53) 三國遺事에 수록되어 있다. 調信이라는 한 남자의 이룰 수 없는 사랑이 꿈을 통해
    성취되는데 꿈은 역시 꿈으로 끝나고 그는 삶의 허무를 자각한다. 불교적인 색채
    가 짙은 작품이다.

興　十歲女兒巡乞　乃爲里獒所噬　號痛臥於前　父母爲之歔欷　泣下數行

婦乃[皺]澁拭涕　倉卒而語曰　予之始遇君也　色美年芳　衣袴稠鮮　一味

之甘　得與子分之　數尺之煖　得與子共之　出處五十年　情鐘莫逆　恩愛

綢繆　可謂厚緣　自比年來　衰病日益深　飢寒日益迫　傍舍壺漿　人不容

乞　千門之耻　重似丘山　兒寒兒飢　未遑計補　何暇有愛悅夫婦之心哉

紅顏巧笑　草上之露　約束芝蘭　柳絮飄風　君有我而爲累　我爲君爲足憂

細思昔日之歡　適爲憂患所階　君乎予乎　奚至此極　與其衆鳥之同餧　焉

知隻鸞之有鏡　寒棄炎附　情所不堪　然而行止非人　離合有數　請從此辭

信聞之大喜　各分二兒將行　女曰　我向桑梓　君其南矣　方分手進途而形

開　殘燈翳吐　夜色將闌　及旦鬢髮盡白　惘惘然殊無人世意　已壓勞生

如猒百年辛苦　貪染之心　洒然氷釋　於是慚對聖容　懺滌無已　歸撥蟹峴

所埋兒塚　乃石彌勒也　灌洗奉安于隣寺　還京師　免莊任　傾私財　創淨

土寺　懃修白業　後莫知所終　議曰　讀此傳　掩卷而追繹之　何必信師之

夢爲然　今皆知其人世之爲樂　欣欣然役役然　特未覺爾　乃作詞誡之曰

快適須臾意已閑　暗從愁裏老蒼顏　不須更待黃粱熟　方悟勞生一夢間

治身藏否先誠意　鰥夢蛾眉賊夢藏　何以秋來淸夜夢　時時合眼到淸凉

〈三國遺事〉

온달이야기(溫達)[54]

溫達 高句麗平岡王[55]時人也 容貌龍鐘可笑 中心則晬然 家甚貧

常乞食以養母 破衫弊履 往來於市井間 時人目之爲愚溫達 平岡王少

女兒好啼 王戲曰 汝常啼聒我耳 長必不得爲士大夫妻 當歸之愚溫達

王每言之 及女年二八 欲下嫁於上部高氏 公主對曰 大王常語 汝必

爲溫達之婦 今何故改前言乎 匹夫猶不欲食言 況至尊乎 故曰 王者

無戲言 今大王之命 謬矣 妾不敢祗承 王怒曰 汝不從我敎 則固不得

爲吾女也 安用同居 宜從汝所適矣

於是 公主以寶釧數十枚繫肘後 出宮獨行 路遇一人 問溫達之家

乃行至其家 見盲老母 近前拜 問其子所在 老母對曰 吾子貧且陋 非

___

54) 이 작품은 三國史記 列傳에 기록되어 있다. 고구려 평강왕의 딸 평강공주가 미천한
    신분의 온달과 결혼하여 그를 고구려의 뛰어난 장수로 만드는 이야기이다. 부모의
    반대를 무릅쓰고 성취한 혼사와 본인이 의도한 바를 실천하는 공주의 지혜가 빛나
    는 작품이다.
55) 고구려의 제25대 왕(559~590 재위). 이름은 양성(陽成)·탕(湯) 평강상호왕(平崗上
    好王)·평강왕(平岡王)이라고도 한다. 양원왕의 큰아들이다. 557년(양원왕 13) 태자
    가 되었으며 559년 양원왕이 죽자 왕위에 올랐다.

貴人之所可近　今聞子之臭　芬馥異常　接子之手　柔滑如綿　必天下之

貴人也　因誰之俑　以至於此乎　惟我息不忍饑　取楡皮於山林　久而未

還　公主出行　至山下　見溫達負楡皮而來　公主與之言懷　溫達悖然曰

此非幼女子所宜行　必非人也　狐鬼也　勿迫我也　遂行不顧　公主獨歸

宿柴門下　明朝更入　與母子備言之　溫達依違未決　其母曰　吾息至陋

不足爲貴人匹　吾家至窶　固不宜貴人居　公主對曰　古人言　一斗粟猶

可舂　一尺布猶可縫　則苟爲同心　何必富貴然後可共乎　乃賣金釧　買

得田宅・奴婢・牛馬・器物　資用完具　初　買馬　公主語溫達曰　愼勿

買市人馬　須擇國馬病瘦而見放者　而後換之　溫達如其言　公主養飼甚

勤　馬日肥且壯　高句麗常以春三月三日　會獵樂浪之丘　以所獲猪鹿

祭天及山川神　至其日　王出獵　群臣及五部兵士皆從　於是　溫達以所

養之馬隨行　其馳騁常在前　所獲亦多　他無若者　王召來　問姓名　驚且

異之　時後周武帝出師　伐遼東　王領軍逆戰於拜山之野　溫達爲先鋒

疾鬪斬數十餘級　諸軍乘勝奮擊大克　及論功　無不以溫達爲第一　王嘉

歎之曰　是吾女壻也　備禮迎之　賜爵爲大兄　由此寵榮尤渥　威權日盛

　　及陽岡王卽位　溫達奏曰　惟新羅割我漢北之地爲郡縣　百姓痛恨

未嘗忘父母之國　願大王不以愚不肖　授之以兵　一往必還吾地　王許焉

臨行誓曰 鷄立峴・竹嶺56)已西 不歸於我 則不返也 遂行 與羅軍戰

於阿旦城之下57) 爲流矢所中 路而死 欲葬 柩不肯動 公主來撫棺曰

死生決矣 於乎歸矣 遂擧而窆 大王聞之悲慟

〈三國史記〉

---

56) 충청북도 단양군 대강면과 경상북도 영풍군 풍기읍 경계의 소백산맥에 있는 고개.
57) 아단성 : 지금 서울에 있는 아차산성.

공방전(孔方傳)[58]

　　― 林椿[59]

　　孔方字貫之　其先嘗隱首陽山　居窟穴中　未嘗出爲世用　始黃帝時

稍採取之　然性强硬　未甚精鍊於世事　帝召相工觀之　工熟視良久曰

山野之質　雖磛苴不可用　若得遊於陛下之造化爐錘間　而刮垢磨光　則

其資質當漸露矣　王者使人也器之　願陛下無與頑銅同棄爾　由是顯於

世　後避亂徙江滸之炭鑪步　因家焉　父泉　周大宰　掌邦賦　方爲人　圓

其外方其中　善趨時應變　仕漢爲鴻臚卿　時吳王濞驕僭專擅　方與之爲

利焉　虎帝時海內虛耗　府庫空竭　上憂之　拜方爲富民侯　與其徒充鹽

鐵丞僅同在朝　僅每呼爲家兄不名　方性貪汚　而少廉隅　旣摠管財用

好權子母輕重之法　以爲便國者不必古在陶鑄之術爾　遂與民爭錙銖

---

58) 고려 때 林椿이 쓴 假傳体 小說이다. 이 작품은 <麴醇傳>과 함께 그 시대의 현실
　　을 비유적으로 비판하고 있다. 돌(石)과 구슬(玉)을 擬人化하여 각각의 쓰임을 통해
　　사람의 처신을 경계하는 내용을 담고 있다.

59) 林椿(임춘) : 태어나고 죽은 때가 명확하지 않다. 字는 耆之 號는 西河 고려 중 후기
　　의 文人 그는 특별한 벼슬자리에 나아가지는 못했으나 詩와 散文을 통해 강한 현
　　실인식을 드러냈다 문집으로는 知友 李仁老가 그가 죽은 후 편찬한 <西河先生集>
　　6卷이 있다.

之利　低仰昂物價　賤穀而重貨　使民棄本逐末　妨於農要　時諫官多上
疏論之　上不聽　方又巧事權貴　出入其門　招權鬻爵　升黜在其掌　公卿
多撓節事之　積實聚斂　券契如山　不可勝數　其接人遇物　無問賢不肖
雖市井人　苟富於財者　皆與之交通　所謂市井交者也　時或從閭里惡少
以彈碁格五爲事　然頗好然諾　故時人爲之語曰　得孔方一言　重若黃金
百斤　元帝卽位　貢禹上書　以爲方久司劇務　不達農要之本　徒興管榷
之利　蠹國害民　公私俱困　加以賄賂狼藉　請謁公行　蓋負且乘　致寇至
大易之明戒也　請免官以懲貪鄙　時執政者有以穀梁學進　以軍資乏　將
立邊策　疾方之事　遂助其言　上乃領其奏　方遂見廢黜　謂門人曰　吾頃
遭主上　獨化陶鈞之上　將以使國用足而民財阜而已　今以微罪　乃見毀
棄　其進用與廢　黜吾無所增損矣　幸吾餘息　不絶如線　苟括囊不言　容
身而去　以萍遊之迹　便歸于江淮別業　垂緡若冶溪上　釣魚買酒　與閩
商海賈　拍浮酒船中　以了此生足矣　雖千鍾之祿　五鼎之食　吾安肯以
彼而博此哉　然吾之術　其久而當復興乎　晉和嶠聞其風而悅之　致貲巨
萬　遂愛之成癖　故魯褒著論非之　以矯其俗　唯阮宣子以放達　不喜俗
物　而與方之徒杖策出遊　至酒壚　輒取飮之　王夷甫口未嘗言方之名
但稱阿堵物耳　其爲淸議者所鄙如此　唐興　劉晏爲度支判官　以國用不

瞻　請復方術　以便於國用　語在食貨志　時方沒已久　其門徒遷散四方

者　物色求之　起而復用　故其術大行於開元　天寶之際　詔追爵方朝議

大夫少府丞　及炎宋神宗朝　王安石當國　引呂惠卿同輔政　立靑苗法

天下始騷然大困　蘇軾極論其弊　欲盡斥之　而反爲所陷　遂貶逐　由是

朝廷之士不敢言　司馬光入相　奏廢其法　薦用蘇軾　而方之徒稍衰減而

不復盛焉　方子輪　以輕薄獲譏於世　後爲水衡令　贓發見誅云　史臣曰

爲人臣而懷二心　以邀大利者　可謂忠乎　方遭時遇主　聚精會神　以握

手丁寧之契　橫受不貲之寵　當興利除害　以報恩遇　而助溺擅權　乃樹

私黨　非忠臣無境外之交者也　方沒　其徒復用於炎宋　阿附執政　反陷

正人　雖脩短之理在於冥冥　若元帝納貢禹之言　一旦盡誅則可以滅後

患也　而止加裁抑　使流弊於後世　豈先事而言者　嘗患於不見信乎

〈西河先生集　卷第五〉

국선생전(麴先生傳)[60)]
— 李奎報[61)]

麴聖字中之酒泉郡人也 少爲徐邈[62)]所愛 邈名而字之 遠祖本溫人

恒力農自給 鄭伐周 獲以歸 故其子孫或布於鄭 曾祖 史失其名 祖牟

徙酒泉因家焉 遂爲酒泉郡人 至父醝始仕爲平原督郵 娶司農卿穀氏

女 生聖 聖自爲兒時 已有沈深局量 客詣父目愛曰 此兒心器當汪汪

若萬頃之波 澄之不淸 撓之不濁 與卿談 不若與阿聖樂 及長 與中山

劉伶 潯陽陶潛爲友 二人嘗謂曰 一日不見此子 鄙吝萌矣 每見 移日

忘疲輒心醉而歸 州辟糟丘掾 未及就 又徵爲靑州從事 公卿交口薦進

上令待詔公車 居無何 召見目送曰 此酒泉麴生耶 朕飮香名久矣 先

是 太史奏酒旗星大有光 未幾聖至 帝亦以是益奇焉 即拜爲主客郞中

---

60) 고려시대 李奎報가 쓴 假傳体 小說이다. 작품은 술의 세계를 擬人化하여 인간세상을 풍
    자하고 있다. 이 시대의 이러한 擬人体 문학형식은 新小說 시기까지 이어진다.
61) 李奎報(이규보) : 1168~1241. 字는 春卿, 號는 白雲居士. 고려 후기의 문장가이다.
    저서로는 <東國李相國集>과 <白雲小說> 등이 있다. 특히 <白雲小說>은 우리나라
    에서 小說이라는 용어를 처음으로 쓴 작품집이기도 하다.
62) 徐邈(서막) : 삼국시대 위나라 사람. 금주령이 엄하였으나 항상 술에 취해있었다.
    술을 중성인(中聖人)이라고 부르기도 하였다.

尋轉爲國子祭酒　兼禮儀使　凡掌朝會宴饗宗廟蒸嘗酌獻之禮　無不稱

旨　上器之　擢置喉舌　待以優禮　每入謁　命舁而升殿　呼麴先生而不名

上心有不懌　及聖入見　上始大笑　凡見愛皆此類也　性醞籍　日親近　與

上無小忤　由是益貴幸　從上遊宴無節　子酷釅醨　倚父寵頗橫恣　中書

令毛穎上疏劾奏曰　倖臣擅寵　天下所病　今麴聖以斗筲之用　幸登朝級

位列三品[酒有三品]　內深賊　喜中傷人　故萬人呶號　疾首痛心　此非

醫國之忠臣　乃實毒民之賊夫　聖之三子　憑恃父寵　橫行放肆　爲人所

苦　請陛下幷賜死以塞衆口　書奏　子酷等卽日飮酖自殺　聖坐廢爲庶人

鴟夷子亦嘗善聖　故亦墮車自死　初　鴟夷子以滑稽見幸　與麴聖相友

每上出入　託於屬車　鴟夷子嘗困臥　聖戲曰卿腹雖大　空洞何有　答曰

足容卿輩數百　其相戲謔如此　聖旣免　齊郡鬲州間　盜賊群起　上欲命

討　難其人　復起聖爲元帥　聖持軍嚴　與士卒同甘苦　灌愁城一戰而援

築長樂阪而還　帝以功封爲湘東侯　一年　上疏乞退曰　臣本甕牖之子

少貧賤爲人轉賣　偶逢聖主虛心優納　拯於沈溺　若江湖有忝洪造　潤國

體　以不謹退安鄕里雖薄露之垂盡辛　餘滴之得存　彼欣日月之明更　發

醞鷄之覆　且器盈則覆　物之常理　今臣遇消渴之病　命迫浮漚　庶一吐

兪音　使退保餘生　帝優詔不允　遣中使齎松桂菖蒲等藥物　就其第省

病　聖累表固辭　上不得已許之　遂歸老故鄉。以壽終　弟賢官至二千石

子酊酨醯酬　服桃花汁學仙　族子醞酾釃釀　皆籍屬萍氏云　史臣曰　麴氏

世本農家　聖以醇德清才。作王心腹　斟酌國政　有沃帝心　幾致大平

旣醉之功　盛哉　及其泰寵　幾亂國經　雖禍及於子　無憾　然晚節知足自

退　能以壽終　易曰見幾而作　聖庶幾焉。

〈東文選〉

시장에 대하여(市肆說)[63]

    — 李穀[64]

商賈所聚　貿易有無　謂之市肆　始予來都　入委巷　見冶容誨淫者隨

其妍媸　高下其直　公然爲之　不小羞恥　是曰女肆　知風俗之不美也　又

入官府　見舞文弄法者　隨其重輕　高下其直　公然受之　不小疑懼　是曰

吏肆　知刑政之不理也　于今又見人肆焉　自去年水旱民無食　强者爲盜

賊　弱者皆流離　無所於餬口　父母鬻兒　夫鬻其婦　主鬻其奴　列於市賤

其估　曾犬豕之不如　然而有司不之問　嗚呼　前二肆其情可憎　不可不

痛懲之也　後一肆其情可矜　亦不可不早去之也　苟三肆之不罷　予知其

不美不理者將不止於此也。

〈稼亭集〉

---

63) 북경에 있는 시장의 한 모습을 공간배경으로 쓴 작품. 여자팔기 사람팔기 관직팔
　　기 등을 거리낌없이 행하는 모습을 비평하고 있는 글이다.

64) 李穀(이곡) : 고려 말 학자. 초명은 운백(芸白), 자는 중보(仲父), 호는 가정(稼亭), 본
　　관은 한산(韓山). 자성(自成)의 아들 색(穡)의 아버지 이제현(李齊賢)의 문인 원나라
　　에서 벼슬하다가 1344년 충목왕이 즉위하자 귀국하여 정당문학·도첨의찬성사가
　　되고 한산군에 봉해졌다. 이제현과 함께 ≪편년강목(編年綱目)≫을 증수하고 충렬
　　왕·충선왕·충숙왕 3대의 실록 편찬에 참여하였다. 1350년(충정왕 2) 원나라로부
　　터 봉의대부 정동행중서성좌우사낭중을 제수받았다. 가전체문학인 <죽부인전>이
　　≪동문東文選)≫에 전한다. 저서에 ≪가정집(稼亭集)≫이 있다. 시호는 문효(文孝).

도둑의 아들에 관한 이야기(盜子說)[65]

— 姜希孟[66]

民有業盜者 敎其子盡其術 盜子亦負其才 自以爲勝父遠甚 每行盜 盜

子必先入而後出 舍輕而取重 耳能聽遠 目能察暗 爲群盜譽 誇於父曰

吾無爽於老子之術 而强壯過之 以此而往 何憂不濟 盜曰 未也 智窮於

學成而裕於自得 汝猶未也 盜子曰 盜之道 以得財爲功 吾於老子 功常

倍之 且吾年尙少 得及老子之年 當有別樣手段矣 盜曰 未也 行吾術 重

城可入 秘藏可探也 然一有蹉跌 禍敗隨之 若夫無形迹之可尋 應變機而

---

65) 이 글은 원래 강희맹이 자식을 가르치고자 하는 목적에서 쓴 글 5편 중의 하나이
다. 얕은 학식을 갖고 자랑하는 모습을 도둑질에 비유하였다.

66) 姜希孟(강희맹) : 1424(세종 6)~1483(성종 14). 본관은 진주(晋州), 자는 경순(景醇),
호는 사숙재(私淑齋). 문종·세조와 외종간이다. 조선 전기의 문인화가로 서울에서
태어났으며 중구 순화동에 거주했는데 집안에 금띠솔(대부송 大夫松)이 있었다. 문
장과 서화에 모두 뛰어나 도화서(圖畫署)의 제조를 맡기도 하였다.
그는 그림을 자연의 조화와 짝한다고 보고 이를 구현하기 위하여 천지만물의 생성
이치와 특성을 탐구해야 한다고 인식했으며 그래서 그림 자체를 사물의 이치를 궁
구하여 식견을 넓히는 격물치지(格物致知)와 하늘이 준 타고난 질박한 자연성을 보
존하고 기르는 존심양성(存心養性)에 유익한 것으로 여기는 등 사대부들의 작화와
감상 등의 회화 활동에 대한 이론을 체계적으로 제시하기도 하였다. 그림은 산수
와 송죽을 잘 그렸다고 하며 현재 전칭작으로 곽희파(郭熙派)와 절파계(浙派係) 화
풍이 융합된 <독조도(獨釣圖)> 한 점이 전한다. 저서로 ≪사숙재집(私淑齋集)≫이
있다. 시호는 문량(文良)이다.

不括　則非有所自得者　不能也　汝猶未也　盜子猶未之念聞　盜　後夜與其

子　至一富家　令子入寶藏中　盜子耽取寶物　盜闔戶下鑰　攪使主聞　主家

逐盜返　視鎖鑰猶故也　主還內　盜子在藏中　無計得出　以爪搔爬　作老鼠

嚙嚙之聲　主云鼠在藏中損物　不可不去　張燈解將視之　盜子脫走　主家共

逐　盜子窘　度不能免　繞池而走　投石於水　逐者云　盜入水中矣　遮躝尋捕

盜子由是得脫歸　怨其父曰　禽獸猶知庇子息　何所負　相軋乃爾　盜曰　而

後乃今汝當獨步天下矣　凡人之技　學於人者　其分有限　得於心者　其應無

窮　而況困窮怫鬱　能堅人之志而熟人之仁者乎　吾所以窘汝者　乃所以安

汝也　吾所以陷汝者　乃所以拯汝也　不有入藏迫逐之患　汝安能出鼠嚙投

石之奇乎　汝因困而成智　臨變而出奇　心源一開　不復更迷　汝當獨步天下

矣　後果爲天下難當賊　夫盜賊　惡之術也　猶必自得　然後乃能無敵於天下

而況士君子之於道德功名者乎　簪纓世祿之裔　不知仁義之美　學問之益

身已顯榮　妄謂能抗前烈而軼舊業　此正盜子誇父之時也　若能辭尊居卑

謝豪縱　愛淡泊　折節志學　潛心性理　不爲習俗所搖奪　則可以齊於人　可

以取功名　用舍行藏　無適不然　此正盜子因困成智　終能獨步天下者也　汝

亦近乎是也　毋憚在藏迫逐之患　思有以自得於心可也　毋忽

〈私淑齋集〉

이생이 담을 넘어 엿보다(李生窺牆傳) 중에서[67]
— 金時習[68]

松都有李生者 居駱駝橋之側 年十八 風韻淸邁 天資英秀 常詣國

學 讀詩路傍 善竹里 有巨室處崔氏 年可十五六 態度艶麗 工於刺繡

而長於詩賦 世稱 風流李氏子 窈窕崔家娘 才色若可餐 可以療飢腸

李生嘗挾冊詣學 常過崔氏之家 北墻外 垂楊裊裊 數十株環列 李生

憩於其下 一日窺墻內 名花盛開 蜂鳥爭喧 傍有小樓 隱映於花叢之

間 珠簾半掩 羅幃低垂 有一美人 倦繡停針 支頤而吟曰

獨倚紗窓刺繡遲 百花叢裏囀黃鸝

無端暗結東風怨 不語停針有所思

路上誰家白面郎 靑衿大帶映垂楊

---

67) 金鰲新話 가운데 한 작품이다. 李生과 崔娘의 사랑과 혼사의 성취가 얘기의 중심이
  다. 여인이 사랑을 성취하기 위하여 더 적극성을 띠는 흥미로운 내용을 담고 있다.
  전쟁과 죽음이라는 인간의 비극적 세계에 대하여 깊이 생각하게 하는 작품이다.

68) 金時習(김시습) : 1435~1493. 字는 悅卿, 號는 梅月堂. 朝鮮朝의 문인 端宗 때 생육
  신의 한 사람이다. 그가 僧侶로 金鰲山에 들어가 쓴 金鰲新話는 韓國小說史에서 빛
  나는 업적으로 평가되고 있다. 儒敎思想에 근거한 佛敎的 思索을 그의 근본 사상으
  로 보는 견해도 있다.

何方可化堂中燕　低掠珠簾斜度墻

　生聞之　不勝技癢　然其門戶高峻　庭闈深邃　但怏怏而去　還時以白
紙一幅　作詩三首　繫瓦礫投之曰

巫山六六霧重回　半露尖峰紫翠堆
惱却襄王孤枕夢　肯爲雲雨下陽臺。

相如欲挑卓文君　多少情懷已十分
紅粉墻頭桃李艶　隨風何處落繽紛

好因緣邪惡因緣　空把愁腸日抵年
二十八字媒已就　藍橋何日遇神仙

　崔氏　命侍婢香兒　往取見之　卽李生詩也　披讀再三　心自喜之　以片
簡　又書八字　投之曰　將子無疑　昏以爲期　生如其言　乘昏而往　忽見
桃花一枝　過墻而有搖裊之影　往視之則以鞦韆絨索　繫竹兜下垂　生攀
緣而踰　會月上東山　花影在地　淸香可愛　生意謂已入仙境　心雖竊喜
而情密事秘　毛髮盡竪　回眄左右　女已在花叢裏　與香兒　折花相戴　鋪
罽僻地　見生微笑　口占二句　先唱曰

桃李枝間花富貴　鴛鴦枕上月嬋娟

生續吟曰 他時漏洩春消息 風雨無情亦可憐

女變色而言曰 本欲與君 終奉箕帚 永結歡娛 郎何言之若是遽也
妾雖女類 心意泰然 丈夫意氣 肯作此語乎 他日閨中事洩 親庭譴責
妾以身當之 香兒可於房中 賫酒果以進 兒如命而往 四座寂寥 閴無
人聲 生問曰 此是何處

女曰 此是北園中小樓下也 父母以我一女 情鍾甚篤 別構此樓于
芙蓉池畔 方春時 名花盛開 欲使從侍兒遨遊耳 親闈之居 閨閤深邃
雖笑語啞咿 亦不能卒爾相聞也

… 中 略 …

一傍 別有小室一區 帳褥衾枕 亦甚整麗 帳外爇麝臍 燃蘭膏 熒煌
映徹 恍如白晝 生與女 極其情歡 遂留數日 生謂女曰 先聖有言 父
母在 遊必有方 而今我定省 已過三日 親必倚閭而望 非人子之道也
女惻然而頷之 踰垣而遣之 生自是以後 無已不往

一夕 李生之父 問曰 汝朝出而暮還者 將以學先聖仁義之格言 昏
出而曉還 當爲何事 必作輕薄子 踰垣牆 折樹檀耳 事如彰露 人皆譴
我敎子之不嚴 而如其女 定是高門右族 則必以爾之狂狡 穢彼門戶

獲戾人家　其事不小　速去嶺南　率奴隷監農　勿得復還　卽於翌日　謫送
蔚州

　女每夕　於花園待之　數月不還　女意其得病　命香兒　密問於李生之
鄰　鄰人曰　李郎　得罪於家君　去嶺南　已數月矣　女聞之　臥疾在床　轉
轉不起　水醬不入於口　言語支離　肌膚憔悴　父母怪之　問其病狀　喑喑
不言　搜其箱篋　得李生前日唱和詩　擊節驚訝曰　幾乎失我女子矣　問
曰　李生誰耶　至是　女不能復隱　細語在咽中　告父母曰　父親母親　鞠
育恩深　不能相匿　竊念男女相感　人情至重　是以　摽梅迨吉　咏於周南
咸腓之凶　刑於羲易　自將蒲柳之質　不念桑落之詩　行露沾衣　竊被傍
人之嗤　絲蘿托木　已作婿兒之行　罪已貫盈　累及門戶　然而彼狡童兮
一偸賈香　千生喬怨　以眇眇之弱軀　忍悄悄之獨處　情念日深　沈痾日
篤　濱於死地　將化窮鬼　父母如從我願　終保餘生　倘違情款　斃而有已
當與李生　重遊黃壞之下　誓不登他門也

… 中　略 …

　於是　擇吉日　遂定婚禮　而續其絃焉　自同牢之後　夫婦愛而敬之　相
待如賓　雖鴻光鮑桓　不足言其節義也　生翌年　捷高科　登顯仕　聲價聞

于朝著

　辛丑年　紅賊據京城　王移福州　賊焚蕩室廬　臠炙人畜　夫婦親戚　不能相保　東奔西竄　各自逃生　生挈家　隱匿窮崖　有一賊　拔劍而逐　生奔走得脫　女爲賊所擄　欲逼之　女大罵曰　虎鬼殺啗我　寧死葬於豺狼之腹中　安能作狗彘之匹乎　賊怒　殺而剮之

　生竄于荒野　僅保餘軀　聞賊已滅　遂尋父母舊居　其家已爲兵火所焚　又至女家　廊廡荒涼　鼠唧鳥喧　悲不自勝　登于小樓　收淚長噓　奄至日暮　塊然獨坐　佇思前遊　宛如一夢

　將及二更　月色微吐　光照屋梁　漸聞廊下　有跫然之音　自遠而近　至則崔氏也　生雖知已死　愛之甚篤　不復疑訝　遽問曰　避於何處　全其軀命　女執生手　慟哭一聲　乃敍情曰　妾本良族　幼承庭訓　工刺繡裁縫之事　學詩書仁義之方　但識閨門之治　豈解境外之修　然而一窺紅杏之墻　自獻碧海之珠　花前一笑　恩結平生　帳裏重逢　情愈百年　言至於此　悲慽曷勝　將謂偕老而歸居　豈意橫折而顚溝　終不委身於豺虎　自取磔肉於泥沙　固天性之自然　非人情之可忍　却恨一別於窮崖　竟作分飛之匹鳥　家亡親沒　傷殯魄之無依　義重命輕　幸殘軀之免辱　誰憐寸寸之灰心　徒結斷斷之腐腸　骨骸暴野　肝膽塗地　細料昔時之歡娛　適爲當日

之愁寃　今則鄒律已吹於幽谷　倩女再返於陽間　蓬萊一紀之約綢繆　聚

窟三生之香芬郁　重契闊於此時　期不負乎前盟　如或不忘　終以爲好

李郎其許之乎　生喜且感曰　固所願也　相與款曲抒情　言及家産被寇掠

有無　女曰　一分不失　埋於某山某谷也　又問　兩家父母骸骨安在　女曰

暴棄某處　敍情罷　同寢極歡如昔

…中　略…

一夕　女謂生曰　三遇佳期　世事蹉跎　歡娛不厭　哀別遽至　遂嗚咽

生驚問曰　何故至此　女曰　冥數不可躱也　天帝以妾與生　緣分未斷　又

無罪障　假以幻體　與生暫割愁腸　非久留人世　以惑陽人　命婢兒進酒

歌玉樓春一闋

…中　略…

每歌一聲　飲泣數下　殆不成腔　生亦悽惋不已曰　寧與娘子　同入九

泉　豈可無聊獨保殘生　向者　傷亂之後　親戚僮僕　各相亂離　亡親骸

狼籍原野　倘非娘子　誰能奠埋　古人云　生事之以禮　死葬之以禮　盡在

娘子　天性之純孝　人情之篤厚也　感激無已　自愧可勝　願娘子　淹留人

世 百年之後 同作塵土 女曰 李郞之壽 剩有餘紀 妾已載鬼錄 不能

久視 若固眷戀人間 違犯條令 非唯罪我 兼亦累及於君 但妾之遺骸

散於某處 倘若垂恩 勿暴風日 相視泣下數行云 李郞珍重 言訖漸滅

了無踪迹

　生拾骨 附葬于親墓傍 旣葬 生亦以追念之故 得病數月而卒 聞者

莫不傷歎 而慕其義焉

〈金鰲新話〉

구운몽(九雲夢) 중에서[69]

― 金萬重

丞相尤感聖恩　叩頭祗謝　擧家卽移接於翠微宮　此宮在終南山[70]中

樓臺之壯麗　景致之奇絶　卽蓬萊仙境也　王學士詩曰　仙居未必能勝此

何事吹嘯何碧空　以此一句可占其絶勝矣　丞相空其正殿　奉安詔旨及

御製詩文　其餘樓閣臺榭兩公主諸娘子分居　丞相日與兩夫人六娘子

臨水弄月　臨谷尋梅　過雲壁則賦詩而寫之　坐松陰則橫琴而彈之　晚年

淸果之朴令人起羨　丞相就閑謝客　亦已累年矣　仲秋旣望　卽丞相晬日

諸子女設宴獻壽　至十餘日　繁華景色　不可言也

… 中　略 …

丞相投玉簫　徙倚欄頭　擧手指明月而言曰　北望則平郊四廣　頹嶺

---

69) 이 작품은 金萬重이 流配地에서 어머니를 위해 '인생은 한바탕 꿈'이라는 의미를
　　전달하고자 썼다고 알려지고 있다. 주인공 성진의 자기 정체성에 대한 질문이 양
　　소유라는 인물의 삶을 통해 그 해답을 제공하고 있다. 특히 이 작품은 4, 6, 7차
　　고등학교 국어 교과서에 내용의 일부를 수록하여 국어교육 자료로 제공되고 있다.
70) 終南山(종남산) : 중국 감숙성에서 섬서성을 통해 하남성에 이르는 산.

獨立 夕照殘影 明滅於荒草之間者 卽秦始皇阿房宮也71) 西望則悲風

悄林 暮雲羃山者 漢武帝茂陵也72) 東望則粉牆僚繞於靑山 朱甍隱暎

於碧空 如太眞73)同遊之華淸宮也 噫此三君 皆千古英雄 以四海爲戶

庭 以億兆爲臣妾 雄豪意氣軒 車＋空宇宙 直欲挽三光而閱千歲矣

而今安在哉 少游以河東一布衣 恩承聖主 位致將相 且與諸娘子相遇

厚意深情至老益密 非前生未了之緣 必不及於是也 男女以緣而會 緣

盡而散 乃天理之常也 吾輩 一歸之後 高臺自頹曲池且堙 今日歌殿

舞榭 便作衰草寒煙 必有樵童牧兒 悲歌暗歎 往來相謂曰 此乃楊丞

相與諸娘子所遊之處 大丞相富貴風流 諸娘子玉容花態 已寂寞矣 人

生到此則 豈不如一瞬之頃乎

天下有三道 曰儒道曰仙道曰佛道 三道之中惟佛最高 儒道成全

明倫紀貴事業留名於身後而已 仙道近誕 自古求之者甚多 而終無所

驗 秦皇武帝及玄宗皇帝可鑑也 吾自致仕來此 每夜着瞑則 夢中必參

禪於蒲團之上 此必與佛家有緣也 我將效張子房 從赤松子棄家求道

越南海尋觀音 上義臺禮文殊 得不生不滅之道 欲超塵世之苦海 但與

---

71) 阿房宮(아방궁) : 섬서성 장안현에 있는 궁궐의 이름.
72) 茂陵(무릉) : 한 무제가 묻힌 곳. 지금 섬서성 홍평현에 있다.
73) 太眞(태진) : 양귀비를 말한다.

君輩半生相從 而未幾將作遠別 故悲愴之心必自發於簫聲之中也

… 中 略 …

投節之聲 忽出於欄外石逕 諸人皆曰何許人 敢來於是處乎 而已
有一衲胡僧至前 厖眉尺長碧眼波明 形貌動靜甚異矣 上高臺 與丞相
對坐曰 山野之人 謁於大丞相矣 丞相已知非俗僧 忙起答禮曰 師傅
來從何處乎 胡僧笑曰 丞相不解平生故人乎 曾聞貴人善忘 果是也
丞相熟視之 似是舊面而猶不分明矣 忽大悟 顧諸夫人言曰 少游曾伐
吐蕃時 夢參洞庭龍王之宴 歸路暫上於南岳 見老和尙跏趺於法座 與
衆弟子等講佛經矣 師傅無乃夢中所見之和尙乎 胡僧拍掌大笑曰 是
矣是矣 然只記夢中之一見 不記十年之同處 誰謂楊丞相聰明 高聲問
曰 性眞人間滋味果如何耶

허생전(許生傳) 중에서[74)
— 朴趾源[75)

許生歎曰 今吾已小試矣 於是 悉召男女二千人 令之曰 吾始與汝等
入此島 欲先富之 然後別造文字 創製衣冠 地小德薄 吾今去矣 兒生
執匙 敎以右手 一日之長 讓之先食 悉焚他船曰 莫往則莫來 投銀五
十萬於海中曰 海枯有得者 百萬無所用於國中 況小島乎 有知書者 載
與俱出曰 爲絶禍此島 於是遍行國中 賑施與貧無告者 銀尙餘十萬 曰
此可以報卞氏 往見卞氏曰 君記我乎 卞氏驚曰 子之容色不少瘳 得無
敗萬金乎 許生 笑曰 以財晬面 君輩事耳 萬金何肥於道哉 於是 以銀
十萬付卞氏曰 吾不耐一朝之飢 未竟讀書 暫君借萬金 卞氏大驚 起拜
辭謝 願受什一之利 許生大怒曰 君何以賈竪視我也 拂衣而去 卞氏潛

---

74) 이 작품은 燕巖의 玉匣夜話에 나오는 한문소설이다. 작품의 내용으로 특이한 것은
　　許生이라는 선비의 행위를 통해 조선조 후기의 社會 政治 經濟의 문제를 드러내고
　　있음을 지적할 수 있다. 이 작품은 5, 6, 7차 고등학교 국어교과서에 전편 혹은 일
　　부가 수록되어 국어교육 자료로 다루어지고 있다.

75) 朴趾源(박지원) : 1737~1805. 字는 仲美 號는 燕巖이다. 朝鮮朝 후기의 학자이며 문인
　　이다. 實學의 大家이며 文章家로서도 독특했다. 그의 저서로는 <熱河日記>와 <燕巖
　　集> 등이 있고 그 가운데 <許生傳>, <兩班傳> 등은 韓國小說文學史에서 하나의 획
　　을 긋는 작품들로 평가되고 있다. 그는 시대의 문제를 작품 속에 잘 드러내고 있다.

踵之望見 客下南山下 入小屋 有老嫗 井上澣 卞氏問曰 彼小屋誰家

曰 許生員宅 貧而好讀書 一朝出門 不返者已五年 獨有妻在 祭其去

日 卞氏始知客乃姓許 歎息而歸 明日 悉持其銀往遺之 許生辭曰 我

欲富也 棄百萬而取十萬乎 吾從今 得君而活矣 君數視我 計口送粮度

身授布 一生如此足矣 孰肯以財勞神 卞氏說許生百端 竟不可奈何 卞

氏自是度許生匱乏 輒身自往遺之 許生欣然受之 或有加 則不悅曰 君

奈何有我災也 以酒往 則益大喜 相與酌至醉 既數歲 情好日篤 嘗從

容言 五歲中何以致百萬 許生曰 此易知耳 朝鮮 舟不通外國 車不行

城中 故百物生于其中 消于其中 夫千金小財也 未足以盡物 然析而十

之 百金十 亦足以致十物 物輕則易轉 故一貨雖絀 九貨伸之 此常利

之道 小人之賈也 夫萬金足以盡物 故在車專車 在船專船 在邑專邑

如網之有罟 括物而數之 陸之産萬 潛停其一 水之族萬 潛停其一 醫

之在萬 潛停其一 一貨暫藏 百賈皆涸 此賊民之道也 後世有司者 如

有用我道 必病其國 卞氏曰 初子何以知吾出萬金 而來吾 求也 許生

曰 不必君與我也 能有萬金者 莫不與也 吾自料吾才 足以致百萬 然

命則在天 吾何能知之 故能用我者有福者也 必富益富 天所命也 安得

不與 既得萬金 憑其福而行 動輒有成 若吾私自與 則成敗亦未可知也

〈熱河日記〉

양반전(兩班傳) 중에서[76]

― 朴趾源

兩班者 士族之尊稱也 旌善之郡[77] 有一兩班 賢而好讀書 每郡守

新至 必親造其廬而禮之 然家貧歲食郡糴積歲至千石 觀察使巡行郡

邑糶糴閱 大怒曰 何物兩班乃乏軍興 命囚其兩班 郡守意哀其兩班

貧無以爲償 不忍囚之 亦無可奈何 兩班日夜泣 計不知所出 其妻罵

曰 平生子好讀書 無益縣官糴咄兩班 兩班不値一錢 其里之富人 私

相議曰 兩班雖貧 常尊榮 我雖富 常卑賤 不敢騎馬

… 中 略 …

今兩班 貧不能償糴方大窘 其勢誠不能保其兩班 我且買而有之

遂踵門而請償其糴兩班大喜許諾 於是 富人立輸其糴於官 郡守大驚

異之 自往勞其兩班 且問償糴狀 兩班氈笠衣短衣 伏塗謁稱小人 不

---

76) 燕巖이 지은 한문 단편소설이다. 시대에 맞지 않는 兩班들의 행위를 특유의 풍자를
   통해 비판하고 있다. 兩班들의 자각을 촉구하는 내용을 담고 있다.
77) 지금의 강원도 정선.

敢仰視　郡守大驚　下扶曰　足下　何自貶辱若是　兩班益恐懼　頓首俯伏

曰　惶悚　小人非敢自辱　已自賣其兩班　以償糶里之富人方兩班也　小

人復安敢冒其舊號而自尊乎　郡守歎曰　君子哉　富人也　兩班哉　富人

也　而不吝　義也　急人之難　仁也　惡卑而慕尊　智也　此眞兩班　雖然

私自交易而不立券　訟之端也　我與汝約郡人而證之　立券而信之　郡守

當自署之　於是　郡守歸府　悉召郡中之士族　及農工商賈　悉至于庭　富

人坐鄕所之右　兩班立於公兄之下　方爲立券曰　乾隆十年九月日　右明

文段　極賣兩班　爲償官穀其直千穀　維厥兩班　名謂多端　讀書曰士　從

政爲大夫　有德爲君子　武階列西　文秩序東　是爲兩班　任爾所從　絶棄

鄙事　希古尙志　五更常起　點硫燃脂　目視鼻端　會踵支尻　東萊博議誦

如氷瓢　忍饑耐寒　口不說貧　叩齒彈腦　細嗽嚥津　袖刷毳冠拂塵生波

無擦拳漱口　無過長聲喚婢　緩步曳履　古文眞寶　唐詩品彙鈔寫如荏

一行百字　手毋執錢　不問米價　暑毋跣襪　飯毋徒　食毋先羹歠毋流聲

下箸毋舂毋餌生蔥飮醪毋嚼鬚　吸煙毋輔窊忿毋搏妻　怒毋踢器　毋拳

歐兒女　毋罵死奴僕　叱牛馬　毋辱鬻主　病毋招巫　祭不齋僧　爐不煮手

語不齒唾　毋屠牛　毋賭錢　凡此百行　有違兩班　持此文記　卞正于官

城主㫌善郡守押　座首別監證署　於是通引　印錯落　聲中嚴鼓　斗縱參橫

戶長讀旣畢　富人　然久之曰　兩班只此而已也　吾聞兩班如神仙　審如是

大乾沒　願改爲可利　於是　乃變作卷曰　維天生民　其民維四　四民之中

最貴者士　稱以兩班　利莫大矣　不耕不商　粗涉文史　大決文科　小成進

士　文科紅牌　不過二尺　百物備具　維錢之橐　進士三十　乃筮初仕　猶爲

名蔭　善事雄南　耳白傘風　腹　鈴諾　室珥冶妓　庭穀鳴鶴　窮士居鄕　猶能

武斷　先耕隣牛　借耘里氓　孰敢慢我　灰灌汝鼻　暈　汝　無敢怨咨　富人中

其券　而吐舌曰　已之已之　孟浪哉!　將使我爲盜耶　掉頭而去　終身不復

言兩班之事

황진이(黃眞伊)

— 柳夢寅[78]

松京[79]有名娼眞伊者　女中之倜儻任俠人　眞伊聞金剛爲天下名山

欲一辦淸遊　無可與偕　時有李生員者　宰相子也　爲人跌宕淸疎　可共

方外之遊　從容謂李生曰　吾聞中國人　願生高麗國　一見金剛山　況我

國人　生長本國　去仙山咫尺而不見眞面目可乎　今吾偶奉仙郎　正好共

做仙遊　山衣野服　恣討勝賞而還　不亦樂乎　於是　使李生止僮僕勿隨

布衣草笠親荷粮　眞伊自戴松蘿圓頂　穿葛衫　帶布裙　曳芒鞋　杖竹枝

而隨　入金剛無深不到　乞食諸刹　或自賣其身　取粮於僧　而李生不之

尤　兩人遠涉山林　飢渴困悴　非復舊時容顔　行到一處　有村儒十餘人

---

78) 柳夢寅(유몽인) : 1559(명종 14)~1623(인조 1). 자는 응문(應文), 호는 어우당(於于堂)
　　또는 간암(艮菴), 시호는 의정(義貞). 본관은 흥양(興陽) 사간 충관(忠寬)의 손자. 광
　　해군이 즉위하자 대북파가 정국을 장악했다. 몽인은 이조참판 벼슬을 하면서 이이
　　첨(李爾瞻)과 맞서 폐모론(廢母論)에 가담하지 않았다. 따라서 1623년 인조반정이
　　일어났어도 죄를 입지는 않았다. 그러나 벼슬을 내놓고 여기저기로 떠돌아다니며
　　자신이 일찍이 지은 <상부사(孀婦詞)>를 들어 자신의 심정을 나타냈다. 그러나 인
　　조반정에 공이 있는 대신들은 뒷날에 폐단이 될 수 있다고 하면서 몽인을 아들과
　　함께 사형시켰다.
79) 지금의 개성.

會宴于溪上松林 眞伊過拜焉 儒曰 汝舍長亦解飮乎 勸之酒不辭 遂

執酌而歌 歌聲淸越響震林壑 諸儒深異之 餉以酒肴 眞伊曰 妾有一

僕 飢甚請饋餘瀝乎 與之李生以酒肴 時兩家各失所往 不知影響者

殆半歲餘 一夕鶉衣黎面而返 隣里見之大驚 宣傳官[80]李士宗善歌 嘗

出使過松都 御鞍川壽院川邊 脫冠加服而臥 高唱數三曲 眞伊有所如

亦歇馬于院側 耳聞之曰 此歌曲深異 必非村家俚曲 吾聞京都有風流

李士宗 當代絶唱 必此人也 使人往探之 果士宗也 於是 移席相近致

其款 引至其家留數日曰 當與子六年同住 翌日盡移家産 三年之資于

士宗家 其父母妻子仰事俯育之費 皆辦自自家 親着臂韝 盡妾婦禮

使士宗家不助錙銖 旣三年 士宗餉眞伊一家 如一眞夷餉士宗 以報之

者適三年 眞伊曰 業旣遂 約期滿矣 辭而去 後眞伊病且死 謂家人曰

吾生時性好紛華 死後勿葬我山谷 宜葬之大逵邊 今松都大路邊 有松

都名娼眞伊墓 林悌爲平安都事 過松都 爲文祭于其墓 卒被朝評

〈於于野談〉

---

80) 조선시대의 형명(形名)·계라(啓螺)·시위(侍衛)·전명(傳命) 및 부신(符信)의 출납을
   맡았던 무관직 왕 가까이에 형명이 있는 곳에 서도록 되어 있었던 선전관은 모두
   15명이었는데 3교대로 5명씩 입직(入直)하여 근무하였으며 당번 때에는 사정전(思
   政殿)의 문 안에서 직숙(直宿)하였다.

세시풍속(歲時風俗)
— 成俔[81]

歲時名日所擧之事非一　除夜前日　聚小童數十名爲子　被紅衣紅巾

納于宮中　觀象監備鼓笛　方相氏臨曉驅出之　民間亦傚此事　雖無子

以綠竹葉紫荊枝益母莖桃東枝　合而作亂擊戶　鳴鼓而驅出門外曰放

枚鬼　淸晨附　物於門戶窓扉　如處容角鬼鍾　頭官人介　將軍　擎珍寶婦

人　虎之類也　除日相謁曰過歲　元日相謁曰歲拜　元日人皆不事　爭聚

梟盧之戲　飮酒游樂　新歲子午辰亥如之　且兒輩聚蒿草燒園苑　亥日曰

薰　喙　子日曰薰鼠　諸司限三日不仕　爭往親戚朋僚投名刺　而大家則

設函受之　近年以來此風頓革　亦可以觀世變也　是月十五日爲元夕　設

---

81) 成俔(성현) : 자는 경숙(磬叔), 호는 용재(傭齋)·부휴자(浮休子)·허백당(虛白堂)·국
오(菊塢). 자는 경숙(磬叔), 호는 용재(傭齋)·부휴자(浮休子)·허백당(虛白堂)·국오
(菊塢). 본관은 창녕(昌寧). 1462년(세조 8) 식년문과에 1466년 발영시(拔英試)에 각
각 3등으로 급제하여 박사로 등용되었다. 유자광(柳子光) 등과 당시의 음악을 집대
성하여 ≪악학궤범≫을 편찬하였다. 또한 고려가사 중 ≪쌍화점(雙花店)≫, ≪이상
곡(履霜曲)≫, ≪북전(北殿)≫ 등의 표현이 노골적 음사(淫辭)로 되었다고 하여 고쳐
썼다. 1504년 ≪용재총화≫를 지었다. 죽은 뒤 수개월 만에 갑자사화가 일어나 부
관참시(剖棺斬屍)당하였으나 뒤에 신원되었고 청백리로 추앙받았다. 지은 책으로는
≪허백당집≫, ≪악학궤범≫, ≪용재총화≫, ≪부휴자담론(浮休子談論)≫ 등이 있
다. 시호는 문재(文載).

藥飯 二月初一日花朝 乘曉散松葉於門庭 俗言惡其臭蟲而作針 三月

三日曰上巳 俗言踏靑之節 人皆出遊郊野 有花則煎 設酌 又採新艾

葉作雪而食 四月八日燃燈 俗言釋迦如來誕生辰也 春時兒童 紙爲旗

剝魚皮爲鼓 爭聚爲 巡閭巷乞燃燈之具 名曰呼旗 至是日家家樹竿懸

燈 豪富者大張彩棚 層層萬盞 如星排碧落 都人終夜遊觀 無賴少年

或仰而彈之以爲樂 今者不崇佛敎 雖或設之 不如昔之盛也 五月五日

曰端午 懸艾虎於門 泛菖蒲於酒 兒童編艾 菖蒲作帶 又採蒲根以爲

鬚 都人樹棚於衢市 設鞦之戲 女兒皆粧服 鬧於坊曲 爭扶彩索 少年

來推挽之 淫謔無所不至 朝廷禁而之 今不盛行也 六月十五日曰流頭

昔高麗宦官輩 避熱於東川 散髮于水 浮沈而飮酒曰流頭 世俗因以是

日爲名辰 作水團餠而食之 蓋槐葉冷淘之遺意也 七月十五日俗呼爲

百種 僧家聚百種花果 設盂蘭盆[82]京中尼社尤甚 婦女集 納米穀唱亡

親之靈而祭之 往往僧人設卓於街路而爲之 今則痛禁而小 中秋翫月

九日登高 冬至豆粥 庚申不眠 亦皆古之遺意也

〈慵齋叢話 卷之二〉

---

82) 盂蘭盆(우란분) : 음력 7월 15일 조상의 영혼에게 공양하는 의식으로 불교의식이다.

고구려에 대한 논의(高句麗論)
― 丁若鏞[83]

高句麗　都卒本四十年　徙都不而城　厥享國四百二十有五年　此時

士馬强壯　疆土恢拓　漢魏之際　中國　屢發兵侵擾　莫之能勝　至長壽

王[84]十五年　徙都平壤　厥享國二百三十九年而亡　雖民物殷富　城郭鞏

---

83) 정약용(1762~1826)은 조선시대 후기의 문신이자 실학자로 자는 미용(美鏞), 호는
　　다산(茶山), 당호는 여유당(與猶堂)이다. 유명한 저술을 많이 남긴 그가 그림도 잘
　　그렸다고 하는 사실은 일반인에게는 별로 알려지지 않았다. 그러나 그의 다양한
　　학문적 관심과 함께 그의 어머니가 문인 화가 윤두서(尹斗緖)의 손녀이며 해남에
　　있는 윤두서의 집에서 윤두서가 소장한 여러 화보를 보았던 것은 정약용과 그림
　　을 연결시켜주는 끈이 될 것이다. 그는 정조의 총애를 받아 수원성을 만들 때 설
　　계를 맡기도 하는 등 여러 벼슬을 두루 지냈다.
　　그러나 정조가 죽자 서학(西學)과 관련되어 전라남도 강진으로 유배를 가게 되었다.
　　유배지에서 그는 학문에 힘써 철학적인 면에서나 윤리, 정치, 경제, 사회, 과학, 문
　　학, 음악에 이르기까지 수많은 저술을 남겼다 1818년 귀양이 풀리고 고향에 돌아
　　와 1826년 타계할 때까지도 학문에 정진하여 다양하면서도 총체적인 저술을 한 위
　　대한 학자였다. 그러한 가운데서 서화도 잘하여 서정적이고 섬세한 작품을 남겼다.
84) 고구려 제20대 왕(재위 413~491). 이름은 거련(巨連 巨璉). 광개토대왕(廣開土大王)
　　의 맏아들. 모습이 괴걸(魁傑)하고 지기(志氣)가 호매(豪邁)한 대장부로 409년(광개
　　토대왕 19) 태자로 책봉되고 413년 부왕의 뒤를 이어 즉위하였다. 즉위 초기 중국
　　의 진(晉)·송(宋)·위(魏) 나라 등에 사신을 파견하여 국교를 맺고 427년(장수왕
　　15) 만주 퉁거우[通溝] 지방의 국내성(國內城)에서 평양(平壤)으로 천도하여 적극적
　　인 남하정책을 추진하였다. 승려 도림(道琳)을 백제에 첩자로 파견하여 백제의 허
　　실을 탐지하는 한편 백제의 국고와 민력을 소모시키고 나서 475년 친히 군대를
　　이끌고 백제를 공격하여 그 수도 한성(漢城)을 함락시켰다.

固 卒莫有補 若是者 何也 鴨綠之北 風氣早寒 地與蒙古接 其人皆
雄勃鷙悍 又彊胡雜處 四面受敵 故其備禦深固 此所以能長久也 平
壤在二河之南 山川秀麗 風俗柔軟 而堅城鉅鎭之重重外護者 若白巖
蓋牟 黃城 銀城 安市之類[85] 項背相望 首尾聯絡 平壤之人 豈有懼
哉 延壽惠眞[86] 擧城降敵 而莫之問焉 蓋蘇文[87] 稱兵作亂而莫之禁
焉 安市城主[88] 以彈丸一城 拒大唐百萬之師 而莫之賞焉 此其故無
他 所恃者 平壤也 嗟乎 平壤其足恃乎 遼東拔則白巖危 白巖拔則安
市危 安市拔則愛州危 愛州拔則薩水危 薩水者[89] 平壤之藩籬也 脣
亡則齒寒 皮剝則骨露 平壤其足恃乎 晉宋南渡而亡天下 此中國之殷
鑑也 句麗百濟南渡而失其國 此東邦之覆轍也 傳曰 無敵國外患者
亡 兵法曰 置之死地而後生

〈與猶堂全書〉

---

85) 모두 요동에 있던 지명들이다.
86) 延壽 惠眞(연수혜진) : 고구려 장수였던 고연수, 고혜진. 당태종이 쳐들어왔을 때 안
    시성을 구하려 갔다가 당태종에게 항복하였다.
87) 연개소문을 말함.
88) 安市城主(안시성주) : 안시성의 성주였던 양만춘을 말한다. 당태종에게 탄환을 쏴서
    눈을 맞추었다. 당태종은 양만춘과 대치하다가 스스로 퇴각하였다.
89) 지금 북한에 있는 청천강.

어린 과부(孀女)[90]

有一宰相之女 出嫁未朞而喪夫 孀居于父母之側矣 一日 宰相自
外而入內 見其女在於下房 而凝粧盛飾 對鏡自照 而已擲鏡而掩面大
哭 宰相見其狀 心甚惻然 出外而坐 數食頃無語 適有親知武弁之出
入門下者 無家無妻之人 而年少壯健者也 來拜問候 宰相屛入 言曰
子之身世 如是其窮困 君爲吾之女壻否 其人惶感曰 是何敎也 小人
不知敎意之如何 不敢奉命矣 宰相曰 吾非戲言耳 仍自櫃中 出一封
銀子給之曰 持此而往 貰健馬及轎子 待今夜罷漏後 來待于吾後門之
外 切不可失期 其人半信半疑 第受之 而依其言 備轎馬 待之于後門
矣 自暗中宰相携一女子出 使入轎中而誠之曰 直往北關居生 而絶跡
於門下 其人不知何許委折 第隨轎出城而去 宰相入內 至下房而哭曰
吾女自決矣 家人驚惶而皆擧哀 宰相仍言曰 吾女平昔不欲見人 吾可

---

90) 십대에 과부가 된 딸을 먼 지방으로 재가시킨 이야기. 여성의 재혼이 법적으로 금
   지되었던 조선 후기에 살던 어린 과부와 그 부모의 모습을 볼 수 있는 이야기이다.

襲斂 雖渠之甥兄 不必入見矣 仍獨自斂而裹之 作屍體樣 而覆以衾

始通于其舅家 入棺後 送葬于舅家先山之下矣 過幾年後 其宰相子

以繡衣按廉北關 行到一處 入一人家 則主人起迎 而有兩兒 在傍讀

書 狀貌淸秀 頗類自家之顔面 心竊怪之 日勢已晩 又憊困 仍留宿矣

至夜深 自內忽有一女子出來 把手而泣 驚而熟視之 則旣已死之妹

不勝驚訝而問之 則以爲因親敎而居于此 已生二子 此是其兒矣 繡衣

口噤 半晌無語 略敍阻懷 而待曉辭去 復命 還家 夜侍其大人宰相而

坐時適從容低聲而言曰 今番之行 有可怪之事矣 宰相張目熟視而不

言 其子不敢發說而退 其宰相之姓名 不記

〈靑邱野談〉

『논어』 중에서(論語)91)

子曰 學而時習之 不亦說乎 有朋自遠方來 不亦樂乎 人不知而不

慍 不亦君子乎

曾子92)曰 吾日三省吾身 爲人謀而不忠乎 與朋友交而不信乎 傳不習乎

子曰 弟子立則孝 出則弟 謹而信 汎愛衆而親仁 行有餘力 則以學文

〈學而〉

子曰 道之以政 齊之以刑 民免而無恥 道之以德 齊之以禮 有恥且格

哀公問曰 何爲則民服 孔子對曰 擧直錯諸枉則民服 擧枉錯諸直

---

91) 『論語(논어)』: 유교 경전으로 사서(四書) 중의 하나이다. 공자(孔子)와 그 제자들의
언행이 담긴 어록으로 후대 문인이 기록·정리하였다. '논(論)'은 의논이란 뜻이며
'어(語)'는 사람들에게 말한다는 뜻이라고 한다. <학이(學而)>에서 <요왈(堯曰)>까
지 모두 20편으로, '배움'에서 시작해 '하늘의 뜻을 아는 것(知命)'까지로 그 내용
이 구성되어 있다. 우리나라에는 유교가 전래한 삼국시대에 『논어』 역시 전래했을
것으로 보는데, 오경(五經)보다 사서(四書)를 중요시하는 주자학이 사상·문화 전반
의 이념으로 등장하면서 시골 벽촌의 어린 학동들까지 『논어』를 공부하였다.
孔子(공자): BC 551~BC 479. 중국 춘추시대 노(魯)나라의 교육자·철학자·정치
사상가, 유교의 개조(開祖). 본명은 공구(孔丘), 자는 중니(仲尼). 여러 나라를 두루
돌아다니며 도(道)를 행하려 하였으나 쓰이지 않아 노나라로 돌아와서 『시(詩)』,
『서(書)』, 『예(禮)』, 『악(樂)』, 『역(易)』, 『춘추(春秋)』 등 육경(六經)을 산술하였다.
92) 曾子(증자): 공자의 제자. 이름은 삼(參), 자는 자여(子輿). 효행으로 유명하다.

則民不服

〈爲政〉

林放93) 問禮之本 子曰 大哉問 禮 與其奢也寧儉 喪 與其易也寧戚

〈八佾〉

子曰 里仁爲美 擇不處仁 焉得知

子曰 富與貴 是人之所欲也 不以其道得之 不處也 貧與賤 是人之所惡也 不以其道得之 不去也 君子去仁 惡乎成名 君子無終食之間違仁 造次必於是 顚沛必於是

子曰 我未見好仁者惡不仁者 好仁者 無以尙之 惡不仁者 其爲仁矣 不使不仁者 加乎其身 有能一日用其力於仁矣乎 我未見力不足者 蓋有之矣 我未之見也

〈里仁〉

宰予94)晝寢 子曰 朽木 不可雕也 糞土之牆 不可杇也 於予與 何誅 子曰 始吾於人也 聽其言而信其行 今吾於人也 聽其言而觀其行 於予與 改是

〈公冶長〉

---

93) 林放(임방) : 공자의 문인(門人).
94) 宰予(재여) : 공자의 문인으로 십철(十哲)의 한사람. 언어(言語)에 뛰어났다고 한다.

子曰 三人行 必有我師焉 擇其善者而從之 其不善者而改之

〈述而〉

子曰 篤信好學 守死善道 危邦不入 亂邦不居 天下有道則見 無道
則隱 邦有道 貧且賤焉 恥也 邦無道 富且貴焉 恥也

〈泰伯〉

顔淵[95]問仁 子曰 克己復禮爲仁 一日克己復禮 天下歸仁焉 爲仁
由己 而由人乎哉 顔淵曰 請問其目 子曰 非禮勿視 非禮勿聽 非禮
勿言 非禮勿動 顔淵曰 回[96]雖不敏 請事斯語矣

〈顔淵〉

孔子曰 益者三樂 損者三樂 樂節禮樂 樂道人之善 樂多賢友 益矣
樂驕樂 樂佚遊 樂宴樂 損矣

孔子曰 生而知之者 上也 學而知之者 次也 困而學之 又其次也
困而不學 民斯爲下矣

〈季氏〉

---

95) 顔淵(안연) : 중국 춘추시대 말기의 학자로 공자의 문인. 이름은 회(回), 자는 자연
   (子淵). 가난한 생활에도 불구하고 연구와 수덕(修德)에 전념하여 공자가 가장 사랑
   하였다. 그가 32세에 요절하자 공자가 "하늘이 나를 버리시는구나."라고 탄식하였
   다 하며, 겸허한 구도자(求道者)의 상징이 되었다.
96) 回(회) : 안연의 이름.

『맹자』 중에서(孟子)[97]

王曰　吾惛不能進於是矣　願夫子輔吾志　明以敎我　我雖不敏　請嘗

試之　曰無恒產而有恒心者　惟士爲能　若民則無恒產　因無恒心　苟無

恒心　放辟邪侈　無不爲已　及陷於罪　然後從而刑之　是罔民也　焉有仁

人在位　罔民而可爲也　是故明君制民之產　必使仰足以事父母　俯足以

畜妻子　樂歲終身飽　凶年免於死亡　然後驅而之善　故民之從之也輕

今也制民之產　仰不足以事父母　俯不足以畜妻子　樂歲終身苦　凶年不

免於死亡　此惟救死而恐不贍　奚暇治禮義哉　王欲行之　則盍反其本矣

五畝之宅　樹之以桑　五十者可以衣帛矣　鷄豚狗彘之畜　無失其時　七

十者可以食肉矣　百畝之田勿奪其時　八口之家可以無飢矣　謹庠序之

---

97) 『孟子(맹자)』: 유교 경전으로 사서(四書) 중의 하나이다. <양혜왕(梁惠王)>, <공손
추(公孫丑)>, <등문공(滕文公)>, <이루(離婁)>, <만장(萬章)>, <고자(告子)>, <진심
(盡心)>의 7편으로 이루어져 있으며 논리적이고 박력 있는 문장으로도 유명하다.
유교가 전래한 삼국시대에 『맹자(孟子)』 역시 우리나라에 전래했을 것으로 본다. 그
러나 고려 말까지 사장학적(詞章學的) 경향에 밀려 소홀히 취급되다가 주자학이 도
입되어서야 비로소 주목받기 시작하였고, 맹자 사상의 일관된 핵심은 성선설(性善
說)과 혁명론이지만 우리나라에서는 성선설만 사단칠정론(四端七情論)·인물성동이
론(人物性同異論) 등으로 이어졌을 뿐, 혁명에 대한 논의는 활성화되지 못하였다.

敎 申之以孝悌之義 頒白者不 負戴於道路矣 老者衣帛食肉 黎民不
飢不寒 然而不王者未之有也

〈梁惠王 上〉

■ 四端

孟子曰 人皆有不忍人之心 先王有不忍人之心 斯有不忍人之政矣
以不忍人之心 行不忍人之政 治天下可運之掌上 所以謂人皆有不忍
人之心者 今人乍見孺子將入於井 皆有怵惕惻隱之心 非所以內交於
孺子之父母也 非所以要譽於鄉黨朋友也 非惡其聲而然也 由是觀之
無惻隱之心 非人也 無羞惡之心 非人也 無辭讓之心 非人也 無是非
之心 非人也 惻隱之心 仁之端也 羞惡之心 義之端也 辭讓之心 禮
之端也 是非之心 智之端也 人之有是四端也 猶其有四體也 有是四
端而自謂不能者 自賊者也 謂其君不能者 賊其君者也 凡有四端於我
者 知皆擴而充之矣 若火之始然 泉之始達 苟能充之 足以保四海 苟
不充之 不足以事父母

〈公孫丑 上〉

■ 天時不如地利

孟子曰 天時不如地利 地利不如人和 三里之城 七里之郭 環而攻之
而不勝 夫環而攻之 必有得天時者矣 然而不勝者 是天時不如地利也
城非不高也 池非不深也 兵革非不堅利也 米粟非不多也 委而去之 是
地利不如人和也 故曰 域民不以封疆之界 固國不以山谿之險 威天下
不以兵革之利 得道者多助 失道者寡助 寡助之至 親戚畔之 多助之至
天下順之 以天下之所順 攻親戚之所畔 故君子有不戰 戰必勝矣

〈公孫丑 下〉

■ 君子有三樂

孟子曰 君子有三樂 而王天下 不與存焉 父母俱存 兄弟無故 一樂
也 仰不愧於天 俯不怍於人 二樂也 得天下英才而敎育之 三樂也 君
子有三樂 而王天下 不與存焉

〈盡心 上〉

어부와의 대화(漁父辭)
— 屈原98)

屈原既放 游於江潭 行吟澤畔 顔色憔悴 形容枯槁 漁父見而問之

曰 子非三閭大夫99)與 何故至於斯 屈原曰 擧世皆濁 我獨淸 衆人皆

醉 我獨醒 是以見放 漁父曰 聖人不凝滯於物而能與世推移 世人皆

濁 何不淈其泥而揚其波 衆人皆醉 何不餔其糟而歠其醨 何故深思高

擧 自令放爲 屈原曰 吾聞之 新沐者必彈冠 新浴者必振衣 安能以身

之察察 受物之汶汶者乎 寧赴湘流葬於江魚之腹中 安能以皓皓之白

而蒙世俗之塵埃乎 漁父莞爾而笑 鼓枻而去 乃歌曰 滄浪100)之水淸

兮 可以濯吾纓 滄浪之水濁兮 可以濯吾足 遂去不復與言

---

98) 屈原(굴원) : 초(楚)나라의 왕족으로 태어나 20대에 회왕(懷王)의 신임을 얻었다. 그
    러나 제(齊)와 동맹해 강국인 진(秦)에 대항하여야 한다는 주장이 받아들여지지 않
    으면서 거듭된 정적의 모함으로 대부분의 삶을 유배지에서 보내다가 결국 마지막
    으로 <회사부(懷沙賦)>를 읊고 멱라수(汨羅水)에 몸을 던져 죽었다. <어부사(漁父
    辭)> 역시 유배지에서 쓴 작품이며 장편 서정시 <근심을 만나[離騷]>는 후대에
    경(經)으로까지 추앙받았다. 애국시인으로 칭송받았으며 그의 작품들은 한부(漢賦)
    에 큰 영향을 주었다.
99) 三閭大夫(삼려대부) : 초나라 왕실의 세 성씨인 소(昭)·굴(屈)·경(景)씨의 세 가문
    을 다스리는 높은 벼슬.
100) 滄浪(창랑) : 한수(漢水)의 하류.

도화원기(桃花源記)
— 陶淵明[101]

晉太原[102]中　武陵[103]人捕魚爲業　緣溪行　忘路之遠近　忽逢桃花林

夾岸數百步　中無雜樹　芳草鮮美　落英繽紛　漁人甚異之　復前行　欲窮

其林　林盡水源　便得一山　山有小口　髣髴若有光　便捨船從口入　初極

狹　纔通人　復行數十步　豁然開朗　土地平曠　屋舍儼然　有良田美池桑

竹之屬　阡陌交通　雞犬相聞　其中往來種作　男女衣著　悉如外人　黃髮

垂髫　並怡然自樂　見漁人　乃大驚　問所從來　具答之　便要還家　設酒

殺雞作食　村中聞有此人　咸來問訊　自云　先世避秦時亂　率妻子邑人

來此絶境　不復出焉　遂與外人間隔　問今是何世　乃不知有漢　無論魏

---

101) 陶淵明(도연명) : 중국 최고의 은일(隱逸) 시인. '다섯 말의 쌀 때문에 허리를 굽혀 향리의 소인을 섬길 수 없다.'며 관직을 사임하고 고향으로 돌아간 일화는 유명하다. 세속의 티끌을 넘어선 맑고 깊은 운치를 기교 없이 자연스럽게 읊조린 시인으로 칭송받았으며 특히 소식(蘇軾)에 의해 세속을 초월한 성자(聖者)적 시인상이 확립되었다. <음주이십수(飮酒二十首)> 등의 시와 <귀거래사(歸去來辭)>·<도화원기(桃花源記)>·<오류선생전(五柳先生傳)> 등의 산문이 유명하다.

102) 太原(태원) : 동진(東晋) 효무제(孝武帝)의 연호. 376~396.

103) 武陵(무릉) : 지금의 호남성(湖南省) 상덕현(常德縣)에 있는 지명.

晉　此人一一爲具言所聞　皆嘆惋　餘人各復延至其家　皆出酒食　停數

日辭去　此中人語云　不足爲外人道也　旣出　得其船　便扶向路　處處誌

之　及郡下　詣太守說此　太守卽遣人隨其往　尋向所志　遂迷不復得路

南陽[104]劉子驥[105]　高尙士也　聞之　欣然親往　未果　尋病終　後遂無問

津[106]者

---

104) 南陽(남양) : 지금의 하남성(河南省) 남양현(南陽縣).

105) 劉子驥(유자기) : 이름은 인지(麟之). 도잠·주적지(周續之)와 더불어 심양(潯陽)의
　　　삼은(三隱)이라고 불렸다.

106) 問津(문진) : '나루가 어디인지 묻는다.'는 뜻이나 이 글에서 유래하여 별천지(別天
　　　地)를 찾는 사람을 의미하기도 한다.

스승에 대하여(師說)
— 韓愈[107]

古之學者 必有師 師者 所以傳道授業解惑也 人非生而知之者 孰
能無惑 惑而不從師 其爲惑也 終不解矣 生乎吾前 其聞道也 固先乎
吾 吾從而師之 生乎吾後 其聞道也 亦先乎吾 吾從而師之 吾師道也
夫庸知其年之先後生於吾乎 是故 無貴無賤 無長無少 道之所存 師
之所存也 嗟乎 師道之不傳也久矣 欲人之無惑也難矣 古之聖人 其
出人也遠矣 猶且從師而問焉 今之衆人 其下聖人也亦遠矣 而恥學於
師 是故 聖益聖 愚益愚 聖人之所以爲聖 愚人之所以爲愚 其皆出於
此乎 愛其子 擇師而敎之 於其身也 則恥師焉 惑矣 彼童子之師 授
之書而習其句讀者也 非吾所謂傳其道解其惑者也 句讀之不知 惑之

---

107) 韓愈(한유) : 768~824. 중국 산문의 대가이며 시인. 자(字)는 퇴지(退之)이고 한문
공(韓文公)이라고도 한다. 후대 성리학의 기초를 놓은 성리학(性理學)의 원조이며,
당시에 유행하던 규칙적 운율과 고사성어로 가득한 변려문(騈儷文)을 배격하고
자유롭고 간결한 고문(古文)의 사용을 주장했다. 그의 <원도(原道)>·<원성(原
性)> 등은 중국문학의 백미이며 그가 주장한 고문체 문장의 대표작이 되었다. 시
문학에서도 기존의 문학적 형식을 뛰어넘으려 하였으며, 중국은 물론 우리나라와
일본에도 많은 영향을 끼친 문인이다.

不解 或師焉 或不焉 小學而大遺 吾未見其明也 巫醫樂師百工之人

不恥相師 士大夫之族 曰師曰弟子云者 則群聚而笑之 問之則曰 彼

與彼 年相若也 道相似也 位卑則足羞 官盛則近諛 嗚乎 師道之不復

可知矣 巫醫百工之人 君子不齒 今其智乃反不能及 可怪也歟 聖人

無常師 孔子師郯子[108]萇弘[109]師襄[110]老聃[111] 郯子之徒 其賢不及

孔子 孔子曰 三人行則必有我師 是故 弟子不必不如師 師不必賢於

弟子 聞道有先後 術業有專攻 如斯而已 李氏子蟠[112] 年十七 好古

文 六藝經傳 皆通習之 不拘於時 請學於余 余嘉其能行古道 作師說

以貽之

---

108) 郯子(담자) : 담(啖)나라의 자작. 『좌전(左傳)』에 말하길, 공자가 담자에게서 관직에
   대해 배웠다고 한다.
109) 萇弘(장홍) : 주나라 경왕(敬王)의 대부. 『예기(禮記)』와 『공자가어(孔子家語)』에 말
   하길, 공자가 장홍에게서 악(樂)에 대해 배웠다고 한다.
110) 師襄(사양) : 악관(樂官). 『공자세가(孔子世家)』에 말하길, 공자가 사양에게서 거문
   고[琴]에 대해 배웠다고 한다.
111) 老聃(노담) : 노자(老子). 『공자가어(孔子家語)』에 말하길, 공자가 노자에게서 예(禮)
   에 대해 배웠다고 한다.
112) 李氏子蟠(이씨자반) : 이반(李蟠). 당나라 정원(貞元) 19년에 진사가 되었다.

잡설 넷(雜說 四) 中에서
— 韓愈

世有伯樂[113] 然後有天里馬 天里馬常有 而伯樂不常有 故雖有名馬 秪辱於奴隷人之手 駢死於槽櫪之間 不以千里稱也 馬之千里者 一食或盡粟一石 食馬者 不知其能千里而食也 是馬雖有千里之能 食不飽 力不足 才美不外見 且欲與常馬等 不可得 安求其能千里也 策之不以其道 食之不能盡其材 鳴之不能通其意 執策而臨之曰 天下無良馬 嗚呼 其眞無馬耶 其眞不識馬耶.

---

113) 伯樂(백락) : 원래는 천마(天馬)를 맡은 별의 이름이었으나, 중국 진(秦)나라 때 손양(孫陽)이라는 사람이 말의 감정을 잘하였으므로 이후로 말을 잘 보는 사람을 가리키게 되었다.

연꽃 사랑(愛蓮說)
— 周敦頤[114]

水陸草木之花 可愛者甚蕃 晉陶淵明[115] 獨愛菊 自李唐[116]來 世

人甚愛牡丹 予獨愛蓮之出於游泥而不染 濯淸漣而不妖 中通外直 不

蔓不枝 香遠益淸 亭亭淨植 可遠觀而不可褻翫焉 予謂菊花之隱逸者

也 牡丹 花之富貴者也 蓮花之君子者也 噫 菊之愛 陶後鮮有聞 蓮

之愛 同予者何人 牡丹之愛 宜乎衆矣

---

114) 周敦頤(주돈이) : 1017~1073. 중국 송대(宋代)의 철학자. 자는 무숙(茂叔), 시호는
    원공(元公), 주렴계(周濂溪)라고도 한다. 우주에 대한 도교(道敎)의 설명을 창조물
    의 진화적 과정을 설명한 『주역(周易)』의 개념과 결합시켜 성리학의 토대를 만들
    었으니, <태극도설(太極圖說)>에서 "만물의 근원은 태극(太極)이며 태극이 실제로
    만물을 형성한다."고 하였다. 그의 사상은 이후 주희(朱熹)가 보다 체계적으로 성
    리학을 전개하는 데 밑바탕이 되었다.
115) 陶淵明(도연명) : 중국 최고의 은일(隱逸) 시인. 앞의 <도화원기(桃花源記)>의 작자
    이다.
116) 李唐(이당) : 당나라. 당나라 왕실의 성이 이(李)씨이기 때문이다.

3. 國漢混用文

열녀 춘향이 수절하다(烈女春香守節歌)[117] 중에서

이때 전라도 남원부에 월매라 하는 기생이 있으되 三南의 名妓로서 일찌기 退妓하여 成哥라 하는 양반을 데리고 歲月을 보내되 年將四旬을 당하여 一點 血肉이 없이 일로 恨이 되어 長嘆愁心에 病이 되겠구나 一日은 크게 깨쳐 옛사람을 생각하고 家君을 請入하여 여쭈옵되 恭順히 하는 말이 들으시오 "전생에 무슨 은혜 끼쳤던지 이생에 夫婦 되어 娼妓行實 다 버리고 禮貌도 崇尙하고 女功도 힘썼건만 무슨 죄가 珍重하여 일점 혈육이 없으니 肉親無族 우리 신세 先塋香火누가 하며 死後勘葬 어이 하리 名山大刹에 神功이나 하여 男女間 낳게 되면 平生 恨을 풀

---

117) 이 글은 판소리를 기록한 것으로 한글로 표기되어 있는 것을 한자로 바꾸어 표기하였다.

판소리 춘향가 중에서 뽑은 것이다. 춘향전은 우리나라 대표적인 고소설로 자리잡았다. 조선후기에도 많이 읽혔을 뿐 아니라 신소설로도 개작되었다. 여성의 지조, 수절, 신분상승 등의 요소들이 작품 속에 스며 있어 다양한 관점에서 논의되는 작품이다. 우리나라의 영화산업이 시작되면서 꾸준히 영화화되기도 하였고 뮤지컬, 소설 등의 소재로도 활용도가 높은 작품이다.

것이니 家君의 뜻이 어떠하오"

성참판 하는 말이

"一生 身世 생각하면 자네 말이 當然하나 빌어서 子息을 낳을진대 無子할 사람이 있으리오" 하니 월매 대답하되

"天下大聖 孔夫子도 尼丘山에 빌으시고 鄭나라 鄭子産은 우형산에 빌어 나계시고 我東方 江山을 이를진대 名山大川이 없을소냐 경상도 웅천 주천의는 늦도록 자녀 없어 최고봉에 빌었더니 大明天子 나계시사 大明天地 밝았으니 우리도 정성이나 드려 보사이다"

··· 중 략 ···

이때 춘향이 秋波를 잠깐 들어 이도령을 살펴보니 今世의 豪傑이요 塵世間 奇男子라 天庭이 높았으니 少年功名 할 것이요 五嶽이 朝歸하니 輔國忠臣 될 것이매 마음에 흠모하여 蛾眉를 숙이고 斂膝端坐뿐이로다

··· 중 략 ···

千字文를 읽을 새 하늘 天 땅 地

방자 듣고 "여보 도련님 점잖이 천자는 왠 일이요"

"천자라 하는 글이 七書의 本文이라 梁나라 周捨奉 周興嗣가 하룻밤에 이 글을 짓고 머리가 희었기로 책 이름을 白首文이라 낱낱이 새겨 보

면 뼈똥 쌀 일이 많지야"

"소인놈도 천자 속은 아옵니다" "네가 알더란 말이냐"

"알기를 이르겠소" "안다 하니 읽어 봐라"

"예 들으시오 높고 높은 하늘 天 깊고 깊은 땅 地 홰홰친친 검을 玄 불타다 누를 黃" "예 이놈 상놈은 的實하다. 이놈 어디서 장타령 하는 놈의 말을 들었구나. 내 읽을 게 들어라 天開子時生天하니 太極이 廣大 하늘 天 地闢於丑時하니 五行 八卦로 땅 地 三十三千 空復空의 人心指示 검을 玄 二十八宿 金木水火土之正色 누를 黃 宇宙日月 重華하니 玉宇崢嶸 집 宇 年代國都 興盛衰 往古來今에 집 宙 禹治洪水 箕子 推에 洪範九疇 넓을 洪 三皇五帝 崩하신 후 亂臣賊子 거칠 荒 동방이 장차 啓明키로 皐皐天邊日輪紅번듯 솟아 날 日 億兆蒼生 擊壤歌에 康衢煙月에 달 月 寒心 微月 時時 불어나 三五日夜에 찰 盈 世上萬事 생각하니 달빛과 같은지라 十五夜 밝은 달이 旣望부터 기울 仄 二十八宿 河圖洛書 벌인 法 日月星辰 별 辰 可憐今夜宿娼家라 鴛鴦衾枕에 잘 宿 絶代佳人 좋은 風流 羅列春秋에 벌일 列 依依月色 夜三更에 萬端情懷 베풀 張 今日寒風蕭蕭來하니 침실에 들거라 찰 寒 베개가 높거든 내 팔을 베어라 이만큼 오너라 올 來 에후로혀 질끈 안고 님 脚에 드니 雪寒風에도 더울 暑 침실이 덥거든 陰風을 취하여 이리저리 갈 往 不寒不熱 어느 때냐 葉落梧桐에 가을 秋 白髮이 장차 우거지니 少年風度를 거둘 收 落木寒風

찬바람 白雪江山에 겨울 冬 寤寐不忘 우리 사랑 閨中深處에 갈물 藏 芙蓉 昨夜 細雨 중에 光潤有態 부루 潤 이러한 고운 태도 평생을 보고도 남을 餘 百年期約 깊은 盟誓 萬頃蒼波 이룰 成 이리저리 노닐 적에 不知歲月 해 歲 糟糠之妻不下堂 아내 薄待 못하나니 大典通編 법중 律 君子好逑 이 아니냐 춘향입 내 입을 한테다 대고 쪽쪽 빠니 법중 呂字 이 아니냐 애고애고 보고지고"

심청가(沈淸歌) 중에서[118]

심청이 擧動 봐라 假粧 丹粧 헌 일 없이 天姿 萬古 國色이라 殮容하고 앉은 거동 白石淸灘 맑은 물에 沐浴하고 앉은 제비 사람보고서 날아갈 듯 황홀한 저 얼굴은 天心에 들은 달이 水邊에 가서 미치난 듯 天庭 眉間에 두 눈썹은 초생달이 뜬 듯하고 桃花 兩頰에 고운 빛은 武陵桃源 비치는 듯 八字點點 삼사 綠髮 새로 蘭草 핀 듯하고 말하고 웃는 양은 芙蓉花가 새로 보이는 듯 月宮의 노던 仙女 벗 하나를 잃었도다 夫人이 稱讚하니

"前身 내 몰라도 응당 仙女로다 도화동에 謫居하야 무릉촌은 네가 살고 도화동에 내가 사니 무릉촌 봄이 들어 도화동 桂花로다 내 말을 들어봐라 丞相은 일찍 棄世하고 아들이 삼형제나 皇城가서 登仕하고 다른 子息은 孫子가 없으니 膝下에 말벗 없어 대하느니 촛불이요 보는 것이 古書로다 네 身世 생각하니 兩班의 後裔로서 저다지 困窮하니 나의 修養

딸이 되었으면 禮節도 崇尙하고 文字도 學習하며 己出같이 成就시켜 晚年榮華를 볼 것이니 네 뜻이 어떠하냐” 심청이가 여짜오되

“命途가 기구하여 나온지 칠일만에 母親을 잃사옵고 앞 어두신 부친께서 동냥젖을 얻어 먹여 僅僅히 길러내어 내가 父親 모시기를 母親겸 모시옵고 우리 부친 날 믿기를 아들같이 믿사오니 事情이 서로 依支하여 맞도록 모시자 하옵니다”

말을 마치면서 두눈에 눈물이 듣거니 맺거니 떨어지는 양은 春風細雨가 桃花에 잠겼다가 점점이 떨어지니 夫人이 可矜하여 등을 어루만지면서

“出天之大孝로다 老한 마음으로 失言을 하였으니 부디 섭섭이 생각마라”

…… 중 략 ……

중 올라간다 중하나 올라간다 저중이 어떤 중인고 行色을 알 수 없네 年年이 묵은 중 허허디 헌 중 몽은사 化主僧인데 절 重創 하려고 勸善文 메고 施主집 찾아갔다 절 찾아 가는 길이라 遠山은 暗暗하고 雪月은 돋아올 제 石徑에 비낀 길로 引導한 곳 올라 간다 저중의 豪奢보소 굴갓쓰고 長衫입고 念珠는 목에 걸고 단주 팔에 걸어 白苧布 장삼長衫을 진홍 띠를 둘러 메고 少年 堂上헌 별랑금 귀 위에 떡 붙이고 龍頭새긴 六環杖

채고리 길게 달아 처절 철철철 흔들흔들 흐늘거리고 가는 양은 削髮한

도진사요 졸입은 表丈夫하는 사명당의[119] 擧動이라 六官大師[120] 성진이

龍宮에 問安갔다 果藥酒 醉케먹고 八仙女 戲弄하던 성진대사 거동이라

중이라 하는 것은 절에 들어도 念佛 俗家에 가도 염불

　　"아어허허흐으 南無阿彌陀佛 觀世音菩薩"

　　이리 한참 올라갈 제 東便에 들리는 소리 사람을 救하라하거늘

　　"이 울음이 웬울음 이 울음이 웬울음 馬嵬驛 저문날에 하소대로 울고

가든 楊太眞의[121] 울음이냐 이 울음이 웬울음"

　　저중이 우뚝 서서 소리나는 곳 살피다가 그곳을 찾아가니 어떤 사람인

지 開川물에가 빠져서 '어푸 어푸' 거의 죽게 되었구나 저 중이 급한 마

음으로 굴갓 長衫을 훨훨 벗고 行纏 단님 벗어 細뉘빈 바지 가랑이를 딸

딸되게 말아 자개밋에 딱붙이고 白鷺橫江 격으로 징검징검 들어가 沈봉

사 고추 상투 앳뚜루미쳐 채여 나오다 살펴보니 전에 보던 심봉사라

---

119) 조선 중기 스님 서산대사의 제자이며 임진왜란이 일어나자 의병을 일으켜 왜군
　　과 싸웠다. 왜군이 죽이고자 하였으나 신통한 술법을 써서 살아 왜군들이 놀랐다
　　고 한다.
120) 김만중의 소설 『구운몽』에 나오는 인물 성진의 스승이다.
121) 당나라 때 현종의 애첩이었던 양귀비.

구운몽(九雲夢) 중에서[122)

— 金萬重[123)

丞相이 聖恩을 感激하여 叩頭謝恩하고 擧家하여 翠媚宮으로 옮아가니 이 집이 終南山 가운데 있으되 樓臺의 壯麗함과 景槪의 奇絶함이 宛然히 蓬萊 仙境이니 王 學士의 詩에 가로되 "神仙의 집이 별로 이에서 낫지 못할 것이니 무슨 일 퉁소를 불고 푸른 하늘로 향하리오" 하니 이 한 글귀로 가히 경개를 알리러라 승상이 正殿을 비워 詔書와 御製 詩文을 奉安하고 그 남은 樓閣臺榭에는 諸娘子가 나눠 들고 날마다 승상을 모셔 물을 臨하며 梅花를 찾고 시를 지어 구름 끼인 바위에 쓰며 거문고를 타 솔바람을 和答하니 淸閑한 福이 더욱 사람을 부뤄할 배러라 승상이 閑暇한 곳에 나아간 지 또한 여러 해 지났더니 八月 炎間은 승상 生

---

122) 이 작품은 金萬重이 流配地에서 어머니를 위해 '인생은 한바탕 꿈'이라는 의미를 전달하고자 썼다고 알려지고 있다. 주인공 성진의 자기 정체성에 대한 질문이 양소유라는 인물의 삶을 통해 그 해답을 제공하고 있다. 특히 이 작품은 4, 6, 7차 고등학교 국어 교과서에 내용의 일부를 수록하여 국어교육 자료로 제공되고 있다.

123) 金萬重(김만중) : 1637~1692. 字는 重叔, 號는 西浦다. 朝鮮朝 숙종 때의 학자이며 文人이다. 그는 어머니에 대한 효성이 지극하여 어머니의 시름을 달래기 위해 <九雲夢>을 지었고 어머니가 세상을 떠나자 <尹氏行狀>을 썼다. 이 작품들은 <사씨남정기>와 함께 韓國文學史에 큰 자리를 차지하고 있다. 그는 또 우리말과 우리글 쓰기를 주창하였다.

日이라 모든 子女 다 모다 십 일을 連하여 設宴하니 繁華盛滿함이 예도 듣지 못할러라

… 中 略 …

승상이 옥소를 던지고 부인 낭자를 불러 欄端을 의지하고 손을 들어 두루 가리키며 가로되 "北으로 바라보니 平한 들과 무너진 언덕에 夕陽이 쇠한 풀에 비치었는 곳은 秦始皇의 阿房宮이요 西로 바라보니 슬픈 바람이 찬 수풀에 불고 저문 구름이 빈 뫼에 덮은 데는 漢 武帝의 茂陵이요 東으로 바라보니 粉漆한 城이 靑山을 둘렀고 붉은 박공이 半空에 숨었는데 明月은 오락가락하되 玉欄干을 의지할 사람이 없으니 이는 현종 황제가 太眞妃로 더불어 노시던 華淸宮이라 이 세임금은 千古 英雄이라 四海로 집을 삼고 億兆로 臣妾을 삼아 豪華 富貴 백 년을 짧게 여기더니 이제 다 어니 있나뇨

소유는 본디 하남 땅 베옷 입은 선비라 聖天子 恩惠를 입어 벼슬이 將相에 이르고 제 娘子 서로 좇아 恩情이 백 년이 하루 같으니 만일 前生 宿緣으로 모두 因緣이 盡하면 각각 돌아감은 天地에 떳떳한 일이라 우리 백 년 후 높은 대 무너지고 굽은 못이 이미 메이고 歌舞하던 땅이 이미 변하여 거친 뫼와 衰한 풀이되었는데 樵夫와 牧童이 오르내리며 歎息하여 가로되 이것이 양 승상의 제 낭 자로 더불어 놀던 곳이라 승상의 富

貴 風流와 제 낭자의 玉容花態 이제 어디 갔나뇨 하리니 어이 人生이 덧없지 아니리요

내 생각하니 천하에 儒道와 仙道와 佛道가 類에 높으니 이론 三敎라 儒道는생전 生前 事業과 身後留名할 뿐이요 神仙은 예부터 구하여 얻은 자가 드무니 秦 始皇 漢 武帝 현종제를 볼 것이라 내 致仕한 후로부터 밤에 잠 곧 들면 매양 蒲團 위에서 參禪하여 뵈니 이 必然 佛家로 더불어 因緣이 있는지라 내 장차 張子房의 赤松子 좇음을 效則하여 집을 버리고 스승을 구하여 南海를 건너 觀音을 찾고 五臺에 올라 文殊께 禮를 하여 不生不滅할 도를 얻어 塵世 苦樂을 뛰어나려 하되 제낭자로 더불어 반생을 좇았다가 一朝에 離別하려 하니 슬픈 마음이 自然 曲調에 나타남이로소이다"

… 中 略 …

忽然 夕陽에 막대 던지는 소리가 나거늘 고이히 여겨 생각하되 어떤 사람이 올라오는고 하더니 한 호승(胡僧)이 눈썹이 길고 눈이 맑고 얼굴이 고이하더라 儼然히 座上에 이르러 승상을 보고 禮하여 왈

"山野 사람이 大丞相께 뵈나이다" 승상이 異人인 줄 알고 慌忙히 答禮 왈

"師父는 어디로서 오신고" 호승이 笑曰

"平生 故人을 몰라 보시니 貴人이 잊음 헐탄 말이 옳도소이다"

승상이 다시 보니 과연 낯이 익은 듯하거늘 忽然 깨쳐 능파 낭자를 돌아보며 왈

"소유 전일 吐藩을 정벌할 제 꿈에 동정 龍宮에 가 잔치하고 돌아올 길에 南嶽에 가보니 한 和尙이 法座에 앉아서 經을 講論하더니 老父가 老和尙이냐"

호승이 拍掌大笑하고 가로되

"옳다 옳다 비록 옳으나 夢中에 잠간 만나 본 일은 생각하고 십 년을 同處하던 일을 알지 못하니 뉘 양 壯元을 聰明타 하더뇨" 승상이 茫然하여 가로되

"소유 십오륙 세 전은 父母 座下를 떠나지 아녔고 십육에 及第하여 連하여 職名이 있으니 東으로 燕國에 봉사하고 西로 토번을 정벌한 밖은 일찍 京師를 떠나지 아녔으니 언제 師父로 더불어 십 년을 相從하였으리요 호승이 소왈

"상공이 오히려 春夢을 깨지 못하였도소이다"

승상 왈 "사부 어찌면 소유로 하여금 春夢을 깨게 하리오"

"이는 어렵지 아니하니이다" 하고 손 가운데 錫杖을 들어 石欄干을 두어 번 두드리니 홀연 네 녘 뫼골에서 구름이 일어나 臺上에 끼이어 咫尺을 分別치 못하니 승상이 精神이 아득하여 마치 醉夢 中에 있는 듯하더

니 오래게야 소리질러 가로되 "사부가 어이 정도正道로 소유를 引導치 아니하고 幻術로 서로 戱弄하나뇨"

　말을 마치지 못하여서 구름이 걷히니 호승이 간 곳이 없고 左右를 돌아보니 팔 낭자가 또한 간 곳이 없는지라 정히 驚惶하여 하더니 그런 높은 臺와 많은 집이 일시에 없어지고 제 몸이 한 작은 庵子 중의 한 蒲團 위에 앉았으되 香爐에 불이 이미 사라지고 지는 달이 窓에 이미 비치었더라

여우가 사람으로 둔갑한 이야기(狐假人形談)

— 北郭居士

東海之濱에 有一老狐ᄒᆞ니 惑人之術과 眩人之才가 百獸에 超出ᄒᆞ고 西山之北에 有一영[124]獅ᄒᆞ니 貪暴成性하야 動輒害人ᄒᆞᄂᆞᆫ지라 영獅가 老狐의 詐譎ᄒᆞᆷ을 聞知ᄒᆞ고 火慾이 陡發ᄒᆞ야 呑喫之心을 不禁ᄒᆞᆷᄋᆡ 凶牙를 磨ᄒᆞ며 猛爪를 張ᄒᆞ고 東海로 向할 時에 老狐가 驚惻ᄒᆞ야 罔知所爲ᄒᆞ다가 沈默良久에 乃恍然 大悟曰 吾以眩惑之術로 自有妙算이라ᄒᆞ고 變幻其身ᄒᆞ야 其首을 藏ᄒᆞ고 其尾를 隱ᄒᆞᆷᄋᆡ 宛如人形ᄒᆞ야 自顧其身ᄒᆞ야도 是人也오 以人看來ᄒᆞ야도 亦是人也라 乃以巧言令色 誘惑於人曰 凶彼영獅가 偃然東下ᄒᆞ니 其心를 叵測니라 惟吾同人은 並心合力ᄒᆞ야 以拒其禍라 ᄒᆞᆷᄋᆡ 人이 其言을 聽ᄒᆞ고 只見其形에 不見其質ᄒᆞᆷᄋᆡ 有信無疑ᄒᆞᄂᆞᆫ지라 狐乃欣然ᄒᆞ야 意氣得得에 挺身前造하니 東里西隣이 或以同聲而應ᄒᆞ며 或而助勢而완[125]ᄒᆞ더라 영獅ㅣ 見其聲勢 不利ᄒᆞ고 斂적[126] 退去ᄒᆞᆷᄋᆡ 호[127]乃乘勝而歸ᄒᆞ야 豪氣萬丈이라 ○脘大談曰 以吾之詐譎權能으

124) '영'은 '獰'의 의미인 것으로 보인다.
125) '완'은 '腕'의 의미인 것으로 보인다.
126) '적'은 '跡'의 의미인 것으로 보인다.
127) '호'는 '狐'의 의미인 것으로 보인다.

로 有何不做며 有何可畏리요 ᄒᆞ야 跳跳踉踉에 無怠無憚ᄒᆞ야 暫幻之人形을 不覺其失而自失홈이 原有之本形이 不覺其顯而自顯이라 形旣顯出에 ○[128]可再幻ᄒᆞ야 其心其性이 隨以露顯홈이 或掘人墓而作窟ᄒᆞ며 或攫鷄而爲食ᄒᆞ야 漸至於爬人之肌ᄒᆞ고 吮人之血ᄒᆞ야 禍將不측[129]ᄒᆞ더라 此是韓人俚語故로 略據其要하노니 末梢의 如何究竟은 容俟他日하노라.

『大韓每日申報』, 1906. 11. 2

---

128) '不'자가 빠진 것으로 보인다.
129) '측'은 '測'자의 잘못인 것으로 보인다.

쥐의 결혼(鼠婚)

― 知言子

옛적에 一鼠가, 一子를 養成하고, 婚事를 求홀시, 至高無低혼 地位를, 차자, 相婚코자ᄒ여, 太陽에 올나가, 請婚ᄒ거날 太陽이 答ᄒ되 니가, 비록 至高ᄒ다 ᄒ나, 雲이 遮蔽ᄒ면 光彩를 不放ᄒ니 我보다, 雲이, 愈홀듯ᄒ니, 雲과 請婚홈이 可라 ᄒ더라 ○鼠가 聽罷에 不得已ᄒ야 雲의게, 차자가 請婚ᄒᄃᆡ, 雲이 亦曰ᄒ되 니가, 비록 勢力과, 種類가 多大ᄒ다 ᄒ나, 但風力所及에ᄂᆞᆫ, 散盡無餘ᄒ니 我보다, 風이 愈홀듯ᄒ니, 風과 請婚홈이 可ᄒ다 ᄒ더라 △鼠가 不得已ᄒ야, 風의게 請婚ᄒᄃᆡ 風이 答ᄒ되, 니가, 氣力을 一張ᄒ면 江山을 可이 掀撼ᄒ여 宇宙를 可히 震盪ᄒ묘 沙石을 可히 揚홀지오 樹屋을 可히 拔홀지나 但 城壁을 遇ᄒ면, 可爲홀 力이 無ᄒ니 城壁과 請婚홈이 可라 ᄒ더라

△鼠가 又不得已ᄒ야, 城壁에 가, 請婚ᄒᄃᆡ 城壁이 答ᄒ되, 니가 비록 堅固ᄒ나, 但 君輩의 穿窬를 遇ᄒ면, 毀壞를 恒常 當ᄒ니 君輩를 차자 相婚홈이, 좃타 ᄒ더라 鼠가 不得已ᄒ야 저의낄이 畢竟 婚事ᄒ엿다니 世上에 濫想이, 될 수 업슨 것은 定理이지 記者ㅣ 曰 此ᄂᆞᆫ 濫求地位者의 戒.

「談叢」 중에서, 『太極學報』, 24號, 1908. 9.

무당과 판수[130]의 호소(巫瞽의 呼冤)
― 작자 미상

彰義門外에 一巫女가 死ㅎ야 冥府에 入ㅎ니 冥王이 卑卒로 ㅎ야곰 枷械에 縛ㅎ고 筶杖을 施ㅎ야 拷問日 爾가 人間에 生ㅎ야 女子의 身分으로 孝烈과 貞淑의 閨範을 學ㅎ야 家道를 佐理치 아니ㅎ며 紡績과 裁縫의 女工을 執ㅎ야 産業을 助成치 아니ㅎ고 乃虛誕ㅎ고 妖妄ㅎ 것을 憑藉ㅎ야 帝釋前에 祈禱ㅎ다 城隍前에 祈禱ㅎ다 七星前에 祈禱ㅎ다 關王前에 祈禱ㅎ다 ㅎ야 亂搖細鈴에 狂言이 啁啾ㅎ고 高張彩扇에 屢舞婆娑ㅎ면서 能히 人生을 爲ㅎ야 災殃을 消滅ㅎ고 福祿을 導迎ㅎ다 ㅎ고 愚婦를 欺驅ㅎ야 金錢과 米糈를 討索ㅎ야 一生의 活計를 作ㅎ얏스니 爾는 妖言惑衆과 詐欺取財의 兩大罪를 犯ㅎ지라 地獄에 投ㅎ야 終身懲役에 處ㅎ리라 ㅎ니 巫女가 至冤을 呼ㅎ야 日 小女의 祈禱等事는 비록 徵○는 無ㅎ지라도 오히려 人民을 爲ㅎ야 免災獲福코져ㅎ는 善心으로 由ㅎ얏거니와 彼高門甲第의 士夫兩班들은 善良無罪ㅎ 人民에게 不孝不悌奸淫等罪目을 勒加ㅎ고 牢獄에 拘縶ㅎ며 猛杖을 酷施ㅎ야 幾千幾萬貫의

錢財도 攫取ᄒᆞ고 幾千幾萬頃의 田畓도 勒奪ᄒᆞ야 其橐을 充ᄒᆞ고 其家를 肥ᄒᆞ야 民訴도 不敢이오 法官도 不問ᄒᆞ니 其生活의 安樂은 平地神仙이요 其威勢의 可怕ᄂᆞᆫ 當塗豺狼이라 彼等의 行爲로 言ᄒᆞ면 專히 惡念으로 由ᄒᆞ야 虐政을 施ᄒᆞ얏스되 相當ᄒᆞᆫ 刑罰이 有ᄒᆞᆷ은 未聞ᄒᆞ고 小女輩 갓치 善心으로 祝願ᄒᆞ고 分錢粒米를 乞得ᄒᆞᆫ 罪로 地獄에 投ᄒᆞ고 役終身에 處ᄒᆞ면 엇지 至冤치 아니ᄒᆞ올잇가 冥王이 其情을 原恕ᄒᆞ야 特別減等으로 笞壹百에 處ᄒᆞ엿고

...後 略...

皇城新聞 1909. 陰曆 12. 17.

ㄱ

佳人薄命(가인박명)	아름다운 여자는 수명이 짧다.
苛政猛虎(가정맹호)	가혹한 정치는 호랑이 보다 무섭다.
刻骨難忘(각골난망)	은혜가 뼈에 사무쳐 잊기 어려움.
刻舟求劍(각주구검)	칼 잃어버린 배 부분에 표시하고 나중에 찾음. 시세를 못 따라감.
甘言利說(감언이설)	달콤한 말. 이익될 듯한 이야기.
甘呑苦吐(감탄고토)	달면 삼키고 쓰면 뱉는다.
改過遷善(개과천선)	잘못을 고쳐서 좋은 쪽으로 나아간다.
蓋棺事始定(개관사시정)	한 사람의 생애에 대한 평가는 관 뚜껑을 덮을 때 정해진다.
擧案齊眉(거안제미)	밥상을 눈썹 높이까지 들어 남편에게 드리는 것.
結草報恩(결초보은)	풀을 엮어서 은혜를 갚음.
傾國之色(경국지색)	나라를 망하게 할 만한 미모.
鷄卵有骨(계란유골)	계란 속의 뼈.

鷄肋(계륵)	닭의 갈비살로 먹을 게 없고 버리기는 아까운 것처럼 갖지도 버리지도 못하는 것.
古稀(고희)	나이 70세를 말한다.
曲學阿世(곡학아세)	학문을 왜곡하여 세상에 아부한다.
管鮑之交(관포지교)	관중과 포숙아의 우정. 상황에 개의치 않는 굳센 우정.
刮目相對(괄목상대)	눈을 크게 뜨고 상대함. 학문의 진보가 놀라울 때 사용.
敎學相長(교학상장)	스승과 제자는 서로에게 도움을 주어 성장하게 함.
口蜜腹劍(구밀복검)	입은 꿀처럼 달지만 속에는 칼을 품음. 겉과 속이 다름.
群盲撫象(군맹무상)	눈 먼 사람들이 코끼리 만지듯 제각각 다르게 보는 것.
勸善懲惡(권선징악)	선한 것을 권하고 악한 것을 벌을 준다.
金蘭之交(금란지교)	금처럼 굳세고 난초처럼 향기로운 우정.
錦衣還鄕(금의환향)	비단 옷 입고 고향으로 돌아감. 곧 출세하여 귀향하는 것.
杞人之憂(기인지우)	쓸 데 없는 걱정을 함.

ㄴ

難兄難弟(난형난제)	형과 아우를 가려내기 어려움. 실력이 비슷한 것.
南柯一夢(남가일몽)	덧없는 꿈.
男負女戴(남부여대)	남자는 지고 여자는 짐을 머리에 이고 이리저리 떠돌아다님.
濫觴(남상)	바다 같은 큰물도 그 근원은 한 잔만큼의 물. 곧 일의 근원, 시초.
囊中之錐(낭중지추)	주머니 속의 날카로운 송곳.
內柔外剛(내유외강)	안은 부드럽고 밖은 강하다. 반대는 外柔內剛.
老馬之智(노마지지)	늙은 말이 항상 다니던 길을 잘 기억함.
累卵之危(누란지위)	계란을 첩첩이 쌓아 놓은 것처럼 불안함.

ㄷ

多岐亡羊(다기망양)	여러 개의 갈림길에서 양을 잃어버림.
多多益善(다다익선)	많을수록 좋다.
單刀直入(단도직입)	군더더기 없이 곧바로 쳐들어감.
簞食瓢飮(단사표음)	대나무 밥그릇의 밥과 한 바가지 물. 소박하고 가난한 생활.
黨同伐異(당동벌이)	뜻이 맞는 사람끼리는 한패가 되고 그렇지 않은 사람은 물리침.
螳螂拒轍(당랑거철)	사마귀가 수레를 막아서는 것처럼 대적이 안됨.
大器晩成(대기만성)	큰 그릇은 늦게 이루어진다.
同病相憐(동병상련)	같이 아프며 서로 같이 불쌍히 여김.
同心同德(동심동덕)	마음과 덕을 같이함.
得隴望蜀(득농망촉)	농 땅을 차지하니 촉의 땅도 바라게 된다. 욕심이 끝이 없음.
得魚忘筌(득어망전)	고기를 잡으면 통발을 잊게 된다.
登龍門(등용문)	용이 된다는 용문에 오르는 것. 곧 출세함을 뜻함.

ㅁ

磨斧作針(마부작침)	도끼를 갈아 바늘을 만든다. 끊임없이 노력함.
馬耳東風(마이동풍)	소 귀에 경 읽기.
莫逆之友(막역지우)	아주 절친한 친구사이.
晩時之歎(만시지탄)	이미 때가 늦었음을 한탄함.
望梅解渴(망매해갈)	매실의 신맛을 생각하며 침을 흘러 목마름을 면한다는 뜻.
望雲之情(망운지정)	구름 있는 곳의 부모님을 생각함.

亡羊補牢(망양보뢰)   소 잃고 외양간 고친다.

孟母斷機(맹모단기)   공부하던 도중에 돌아온 맹자를 깨우쳐주기 위해 어머니가 베틀 위의 옷감을 잘라냈다는 이야기.

孟母三遷(맹모삼천)   맹자 어머니가 아들 교육을 위해 세 번이나 이사했다는 이야기.

面從腹背(면종복배)   겉으로는 복종하는 척하면서 속으로는 배반함.

毛遂自薦(모수자천)   모수라는 사람이 제 스스로는 추천함.

矛盾(모순)   창과 방패의 관계. 서로 이치에 어긋난 이야기.

無爲徒食(무위도식)   하는 일 없이 먹기만 함.

刎頸之交(문경지교)   염파와 인상여 사이의 굳은 우정.

聞一知十(문일지십)   하나를 들으면 열 개를 안다.

門前成市(문전성시)   문 앞이 시장이 되었다는 것으로 대문 앞에 사람이 많이 왔다는 뜻.

門前雀羅(문전작라)   문 앞에 새잡이 그물만 있을 정도로 방문객이 없어 한산함.

美人薄命(미인박명)   아름다운 여인은 수명이 아주 짧다는 뜻.

尾生之信(미생지신)   미련하고 우직하게 약속을 지키는 것.

ㅂ

斑衣之戱(반의지희)   색동옷을 입고 부모님 앞에서 즐겁게 해드림.

拔本塞源(발본색원)   뿌리를 뽑고 물줄기 근원을 막아버림.

發憤忘食(발분망식)   공부에 전념하여 먹는 일도 잊어버림.

傍若無人(방약무인)   옆에 아무도 없는 듯이 버릇없이 행동함.

蚌鷸之爭(방휼지쟁)   조개와 새가 서로 물고 싸움.

背水之陣(배수지진)   강을 뒤로 두고 치는 진.

百年河淸(백년하청)　황하의 물을 백 년이 지나도 맑아지지 않는다는 것으로 어떤 일이 이루어지기 힘든 상황을 말함.

伯樂一顧(백락일고)　백락을 말을 잘 고르던 사람. 그가 한 번 눈길만 주어도 말 값이 올랐다고 한다.

百里負米(백리부미)　부모님을 봉양하기 위해 백 리 먼 길에 쌀을 짊어지고 감.

白面書生(백면서생)　책상에서 공부만 하여 세상 물정을 모름.

百聞不如一見(백문불여일견)　백 번 듣는 것보다 한 번 보는 것이 낫다.

白眉(백미)　하얀 눈썹이란 뜻으로 가장 낫다는 말.

伯牙絶絃(백아절현)　자신의 거문고 소리를 알아주던 종자기가 죽자 백아가 거문고 줄을 끊고 다시는 연주하지 않음. 지음(知音)이란 단어도 있다.

白眼視(백안시)　흰 눈동자로 본다는 것으로 싫어하는 사람을 쳐다보는 것.

伯仲之勢(백중지세)　우열을 가리기 힘듦.

附和雷同(부화뇌동)　주관 없이 남들을 따라 움직이는 것.

氷炭不容(빙탄불용)　얼음과 숯은 서로 용납하지 않음.

ㅅ

四面楚歌(사면초가)　사방이 온통 초나라의 노래로 어려움에 빠진 상황.

似而非(사이비)　닮은 듯하지만 똑같지 않음.

蛇足(사족)　뱀의 다리. 전혀 쓸 데 없는 것.

殺身成仁(살신성인)　자신을 죽여 인을 이룸.

三顧草廬(삼고초려)　훌륭한 인재를 얻기 위해 초막을 세 번이나 방문함.

喪家之狗(상가지구)　초상난 집의 개.

桑田碧海(상전벽해)　뽕나무 밭이 바다가 되어버림.

塞翁之馬(새옹지마)　인생의 변화는 알 수 없음.

西施矉目(서시빈목)	아름다웠던 서시가 찡그리면 더 예뻤다는 고사에서 나온 말.
先則制人(선즉제인)	남보다 먼저하면 남을 제압할 수 있다.
聲東擊西(성동격서)	동쪽에서 소리지르며 실제로 서쪽을 공격함.
歲月不待人(세월부대인)	세월은 사람을 기다려주지 않고 흘러가버림.
束脩之禮(속수지례)	스승을 뵙기 위해 가지고 가는 예물을 말함.
首丘初心(수구초심)	여우는 죽을 때 자신의 고향 쪽으로 고개를 숙인다는 뜻.
水落石出(수락석출)	가을에 물이 마르면 돌이 드러난다.
水魚之交(수어지교)	물과 물고기의 만남. 임금과 신하의 만남.
水滴穿石(수적천석)	물방울이 바위를 뚫음.
守株待兎(수주대토)	할 일을 하지 않고 요행을 바람.
脣亡齒寒(순망치한)	입술이 없으면 이가 시리다.
食少事煩(싯소사번)	먹을 것은 적고 일만 번거롭게 많다.
食言(식언)	쓸 데 없는 말.
識字憂患(식자우환)	아는 게 병이다.
神出鬼沒(신출귀몰)	귀신처럼 들고나는 것.

ㅇ

阿鼻叫喚(아비규환)	아비지옥과 규환지옥. 곧 여러 사람들이 심한 고통으로 울부짖는 참상.
安堵(안도)	담장 안에서 편히 쉬다. 곧 아무 걱정 없이 편히 쉴 수 있음을 말함.
暗中摸索(암중모색)	어둠 속에서 더듬어 찾다. 확실한 방법을 몰라 어림잡아 찾음.
羊頭狗肉(양두구육)	양 대가리를 걸어놓고 개고기를 팖. 곧 겉으로는 훌륭

한 체하면서 속으로는 음흉한 짓을 함.

梁上君子(양상군자)　대들보 위의 군자. 곧 도둑이나 쥐를 일컫는다.

魚頭肉尾(어두육미)　어류는 대가리, 육류는 꼬리 부분이 맛이 좋음.

魚魯不辨(어로불변)　'어(魚)'자와 '노(魯)'자를 분별하지 못함. 매우 무식함.

漁父之利(어부지리)　조개와 황새가 서로 버티는 통에 어부가 두 놈을 다 잡아 이득을 보았다는 고사. 곧 양편이 서로 다투는 통에 제삼자가 이득을 봄.

言中有骨(언중유골)　말 속에 뼈가 있다. 말은 순한 듯하나 속뜻은 비꼬거나 헐뜯는 요소가 있음을 이름.

如履薄氷(여리박빙)　살얼음을 밟는 것과 같다. 곧 처세에 극히 조심함을 이름.

逆鱗(역린)　용의 멱 밑에는 거꾸로 박힌 비늘이 있는데 만약 누군가가 이것을 건드리면 용이 화가 나 그 사람을 죽인다는 고사가 있다. 임금의 노여움을 의미.

緣木求魚(연목구어)　나무에 올라 물고기를 구하다. 엉뚱한 곳에서 목적한 바를 이루려 함.

五里霧中(오리무중)　오리(五里)에 걸쳐 낀 안개 속. 곧 어디에 있는지, 뭐가 뭔지 갈피를 잡을 수 없음.

烏飛梨落(오비이락)　까마귀 날아오르자 배 떨어지다. 어떤 행동을 하자마자 다른 일이 뒤이어 일어나 마치 그 결과인 듯한 혐의를 받게 됨.

五十步百步(오십보백보)　전쟁에서 오십보를 후퇴한 병사가 백보 후퇴한 병사를 비겁하다고 비웃다. 정도의 차이는 있으나 본질적인 차이는 없음을 이르는 말.

吳越同舟(오월동주)　원수인 오나라 사람과 월나라 사람이 같은 배를 타다. 곧 원수끼리 한 자리에서 만나게 되거나, 원수라도 같은 목적을 위해서 손을 잡게 됨을 이름.

烏合之卒(오합지졸) 까마귀들을 모아놓은 것 같은 군사. 곧 어중이떠중이가 모여 질서가 없는 무리.

屋上屋(옥상옥) 지붕 위의 지붕. 공연한 일이나 헛수고를 뜻함.

玉石俱焚(옥석구분) 옥과 돌이 함께 불에 타다. 선인이나 악인의 구별이 없이 함께 재앙을 당함.

溫故知新(온고지신) 옛 것을 익혀 그것을 통해 새 것을 알게 됨.

蝸角之爭(와각지쟁) 달팽이 뿔 위에서의 다툼. 사소하고 보잘것없는 것을 가지고 서로 다툼.

臥薪嘗膽(와신상담) 오나라 왕 부차가 월나라 임금 구천에게 복수하기 위해 섶 위에서 자고, 구천은 부차에게 받은 치욕을 씻어내고자 쓸개를 핥으며 보복의 마음을 잊지 않았다는 데에서 나온 이야기. 곧 원수를 갚기 위해 온갖 괴롭고 어려운 일을 참고 견딤.

龍頭蛇尾(용두사미) 용의 대가리에 뱀의 꼬리. 야단스럽게 시작했다가 흐지부지하게 되어버리는 일을 비유한다.

龍蛇飛騰(용사비등) 용이 하늘로 날아오름. 생동하는 듯 잘 쓴 글씨를 비유.

完璧(완벽) 티 없는 구슬. 모자라거나 부족함이 없어 흠잡을 데가 없음.

愚公移山(우공이산) 우공이 오랜 세월을 두고 자기 집 앞의 산을 딴 곳으로 옮기려고 노력하여 결국 이루었다는 고사. 무슨 일이든지 꾸준히 노력하면 언젠가는 목적을 달성할 수 있다는 뜻.

牛溲馬勃(우수마발) 소의 오줌과 말의 똥. 소용없는 물건의 비유.

牛耳讀經(우이독경) 쇠귀에 경 읽기.

遠交近攻(원교근공) 먼 나라와는 친하게 지내고 가까운 나라는 공격하여 먹어 치움.

韋編三絶(위편삼절) 책을 맨 가죽 끈이 세 번 끊어짐. 공자가 『詩經(시경)』

	을 애독하였다는 고사에서 나왔으며, 되풀이하여 책을 열심히 읽는다는 뜻이다.
唯我獨尊(유아독존)	이 세상에서 내가 가장 존귀하다는 말.
吟風弄月(음풍농월)	맑은 바람, 밝은 달을 대하여 시를 읊으며 즐거이 놂.
泣斬馬謖(읍참마속)	촉나라 장수 마속이 명령을 어기어 패배를 초래하자 제갈량이 법을 세우기 위해 울면서 그의 목을 벤 고사. 큰 규율을 세우기 위해 사사로운 정에 매이지 않음.
李下不整冠(이하부정관)	오얏나무 밑에서는 갓을 바루지 않는다. 즉 오해받을 만한 일은 애초에 하지 않는다는 뜻.
仁者無敵(인자무적)	어진 사람은 모든 사람이 그를 따르므로 천하에 적이 없음.
一場春夢(일장춘몽)	아무 것도 남기지 않는 한 바탕 봄밤의 꿈처럼 인생의 영고성쇠(榮枯盛衰)가 덧없음을 비유한 말.
日就月將(일취월장)	날로 달로 진보함. 곧 계속 발전해 감.
一敗塗地(일패도지)	한 번 싸움에 패하여 간과 뇌가 땅에 떨어져 더럽혀진다는 뜻. 여지없이 패하여 다시 일어설 수 없게 됨.

ㅈ

自强不息(자강불식)	쉬지 않고 스스로 힘써 노력함.
自繩自縛(자승자박)	제 새끼줄로 제 목 매기. 자신의 언행으로 말미암아 스스로 얽혀 들어가 곤란하게 됨.
自中之亂(자중지란)	한 무리 속에서 일어나는 싸움질.
張三李四(장삼이사)	장 서방네 셋째 아들과 이 서방네 넷째 아들. 곧 평범한 사람.
才勝德薄(재승덕박)	재주는 좋으나 덕이 없음.

賊反荷杖(적반하장)	도둑이 도리어 매를 든다. 잘못한 사람이 도리어 다른 사람을 나무랄 때 쓰는 말.
電光石火(전광석화)	번갯불과 부싯돌의 불. 곧 극히 짧은 시간이나 썩 빠른 동작을 비유함.
轉禍爲福(전화위복)	안 좋은 일이 계기가 되어 오히려 복이 됨.
切磋琢磨(절차탁마)	옥을 갈고 다듬는 것과 같이 학문이나 덕행을 닦음.
頂門一鍼(정문일침)	정수리에 놓는 침. 곧 남의 급소를 찔러 통절히 경계하는 일.
井底之蛙(정저지와)	우물 안 개구리. 소견이나 견문이 좁은 사람을 비유.
糟糠之妻(조강지처)	지게미와 쌀겨를 먹고 고생한 아내. 어려울 때 고생을 함께 해온 아내.
朝令暮改(조령모개)	아침에 내린 영을 저녁에 바꿈. 곧 법이나 명령을 일관성 없게 자주 뒤바꿈.
朝變夕改(조변석개)	아침저녁으로 뜯어고친다. 곧 이랬다저랬다 자주 변경함을 이름.
朝三暮四(조삼모사)	원숭이에게 아침에는 셋, 저녁에는 네 개의 도토리를 주다. 당장 눈앞에 보이는 차이만 알고 결과가 같은 것은 모름. 혹은 간사한 꾀로 남을 농락함.
鳥足之血(조족지혈)	새 발의 피. 너무도 보잘것없는 적은 양을 말함.
走馬加鞭(주마가편)	달리는 말에 채찍질하기. 더 잘 달리도록 몰아침.
走馬看山(주마간산)	말을 타고 달리면서 산수를 봄. 바쁘게 대충 보며 지나감.
酒池肉林(주지육림)	술로 만든 연못과 고기를 걸어 만든 숲. 역대 군왕의 타락한 일면을 나타내는 대명사이며, 탕아들의 호화롭고 음란한 행위를 비유하는 말.
竹馬故友(죽마고우)	대나무로 만든 말을 타고 함께 놀던 친구. 어릴 때 함께 자란 친구, 고향 친구.

ㅊ

滄海一粟(창해일속)	망망한 바다 속의 좁쌀 한 알. 거대한 가운데 보잘것없는 존재.
天衣無縫(천의무봉)	선녀의 옷은 바느질 자국이 없음. 사물이 완미함을 이름.
靑出於藍(청출어람)	푸른빛은 쪽에서 나오지만 쪽보다 더 푸르다. 제자가 스승보다 뛰어남.
焦眉之急(초미지급)	눈썹에 불이 붙은 상태. 아주 화급함.
寸鐵殺人(촌철살인)	한 치도 못되는 무기로 사람을 죽일 수 있다. 곧 상대방의 허를 찌르는 한마디 말이 수천 마디의 말을 능가함.
春雉自鳴(춘치자명)	봄이 되면 저절로 꿩이 운다. 곧 때가 되면 저절로 이루어지는 일.
醉生夢死(취생몽사)	술에 취하고 꿈을 꾸다가 죽음. 곧 일생을 의미 없이 보내는 것을 이름.
七縱七擒(칠종칠금)	제갈량이 적 맹획을 일곱 번 놓아주었다가 일곱 번 사로잡은 고사. 상대를 마음대로 함.
針小棒大(침소봉대)	바늘만큼 작은 것을 몽둥이처럼 크다고 함. 곧 작은 일을 크게 허풍 떨어 말함.

ㅌ

他山之石(타산지석)	다른 산에서 나는 하찮은 돌도 자신의 옥을 가는 데 쓰임. 곧 다른 사람의 하찮은 언행도 자신의 지덕(智德)을 연마하는 데 도움이 됨.

泰斗(태두)	태산(泰山)과 北斗七星(북두칠성). 곧 어떤 분야에서 가장 권위가 있는 사람.
兎死狗烹(토사구팽)	토끼가 잡히면 사냥개를 잡는다. 부림을 당하다가 소용이 다하면 버림을 받음.
吐哺捉髮(토포착발)	주공(周公)이 손님이 오면 밥 먹을 때는 밥을 뱉고 목욕할 때는 머리를 움켜쥐고 나가 손님을 맞아들였다는 고사. 현자(賢者)를 우대한다는 뜻.
推敲(퇴고)	글을 지을 때 자꾸 다듬고 고치는 일.

ㅍ

破竹之勢(파죽지세)	대나무를 쪼개는 것처럼 맹렬하게 적을 치는 기세.
平地風波(평지풍파)	고요한 땅에 바람과 물결을 일으킨다. 공연한 일을 만들어 사태를 시끄럽게 만듦.
咆虎馮河(포호빙하)	맨손으로 범을 잡고 걸어서 강을 건넌다. 만용을 믿고 되는대로 행동함.
風飛雹散(풍비박산)	사방으로 부서져 흩어짐.
風樹之嘆(풍수지탄)	'나무는 고요하고자 하나 바람이 그치지 않고 자식이 봉양하고자 하나 어버이는 기다리시지 않네.(樹欲靜而風不止 子欲養而親不待)'에서 온 말. 효도를 다하지 못하고 어버이를 여읜 자식의 슬픔.
風餐露宿(풍찬노숙)	일이 분주하여 한데서 먹고 잠. 큰 뜻을 이루려는 사람이 고초를 겪는 모양.
匹夫匹婦(필부필부)	평범한 남녀.

ㅎ

邯鄲之夢(한단지몽)　　당나라 때 노생(盧生)이 한단에서 도사를 만나 온갖 부귀영화를 누리는 꿈을 꾸었는데, 일어나 보니 주인이 짓는 기장밥이 아직 다 익지 않았더라는 고사. 세상의 부귀영화가 허황함을 이르는 말.

邯鄲之步(한단지보)　　연나라의 소년이 조나라의 서울 한단에 가서 그 곳 사람들의 걸음걸이를 배우다가 돌아와서는 한단의 걸음걸이도 걷지 못하고 원래 자신의 걸음걸이도 잊어버렸다는 고사. 본분을 잊고 억지로 남의 흉내를 내면 실패한다는 뜻.

汗牛充棟(한우충동)　　수레에 실어 나르면 소가 땀을 흘리고 방안에 쌓으면 마룻대까지 닿을 만큼 많은 양의 서적.

咸興差使(함흥차사)　　심부름 간 사람이 돌아오지 않거나 소식이 더딤.

偕老同穴(해로동혈)　　살아서는 같이 늙고 죽어서는 같이 묻힌다. 생사를 같이하는 부부의 사랑과 맹세를 뜻함.

解語花(해어화)　　말하는 꽃. 미인, 혹은 기생을 가리키는 말.

螢雪之功(형설지공)　　차윤(車胤)과 손강(孫康)이 반딧불과 눈[雪]빛에 비춰 공부한 고사. 역경에 굴하지 않고 학문을 닦아 대성함.

虎死留皮(호사유피)　　'호랑이는 죽어 가죽을 남기고 사람은 죽어 이름을 남긴다(虎死留皮人死留名).'의 준말. 사람에게는 무엇보다 명예가 소중함을 이른 말.

浩然之氣(호연지기)　　하늘과 땅 사이에 가득 찬 바른 원기. 공명정대하여 한 점 부끄러움이 없는 도덕적 용기.

惑世誣民(혹세무민)　　세상 사람을 미혹하게 하여 속임.

昏定晨省(혼정신성)　　저녁에는 잠자리를 정하고 아침에는 살핌. 아침저녁으

	로 어버이의 안부를 살핌.
紅爐點雪(홍로점설)	벌겋게 단 화로에 내리는 몇 점의 눈. 큰 일에 작은 힘이 아무 보탬이 되지 않음을 이름.
畵龍點睛(화룡점정)	용을 그리고 마지막에 눈알을 그려 넣다. 어떤 일을 할 때 가장 중요한 부분을 마치어 완성함을 이름.
花無十日紅(화무십일홍)	열흘 붉은 꽃이 없다. 젊음이나 권세 등 어떤 좋은 일도 영원히 계속되지 못하고 시들거나 변하기 마련이라는 뜻.
華胥之夢(화서지몽)	중국의 황제가 낮잠을 자다가 꿈속에 화서국(華胥國)의 이상적인 모습을 보았다는 고사에서 나온 말로, 꿈 또는 길몽을 이름.
換骨奪胎(환골탈태)	뼈를 바꾸고 태를 벗는다. 용모나 문장 등이 몰라보게 달라져 전혀 새로워지는 것.
鰥寡孤獨(환과고독)	홀아비·홀어미·부모 없는 아이·자식 없는 늙은이. 외롭고 의지할 곳 없는 처지의 사람.
會者定離(회자정리)	만나면 반드시 헤어지기 마련이라는 말로, 이 세상의 무상(無常)함을 이름.
後生可畏(후생가외)	후배는 무한한 잠재적 역량을 가지고 있으므로 선배는 후배를 외경(畏敬)하여야 한다는 말.

 5급, 2급 級數別 配定漢字(韓國語文敎育硏究會)

■5級 配定漢字 500字

ㄱ 家 歌 價 可 加 角 各 間 感 江 强 開 改 客 車 擧 去 建
件 健 格 見 決 結 京 敬 景 輕 競 界 計 高 苦 古 告 考
固 曲 工 空 公 功 共 科 果 課 過 關 觀 光 廣 校 敎 交
橋 九 口 球 區 舊 具 救 國 局 軍 郡 貴 規 根 近 金 今
急 級 給 氣 記 旗 己 基 技 汽 期 吉

ㄴ 南 男 內 女 年 念 農 能

ㄷ 多 短 團 壇 談 答 堂 當 大 代 對 待 德 道 圖 度 到 島
都 讀 獨 東 動 洞 同 冬 童 頭 登 等

ㄹ 樂 落 朗 來 冷 良 量 旅 力 歷 練 領 令 例 禮 老 路 勞
綠 料 類 流 六 陸 里 理 利 李 林 立

ㅁ 馬 萬 末 望 亡 每 賣 買 面 名 命 明 母 木 目 無 門 文
問 聞 物 米 美 民

ㅂ	朴 反 半 班 發 方 放 倍 白 百 番 法 變 別 病 兵 服 福
	本 奉 父 夫 部 北 分 不 比 鼻 費 氷

ㅅ	四 事 社 使 死 仕 士 史 思 寫 査 山 算 産 三 上 相 商
	賞 色 生 西 書 序 夕 石 席 先 線 仙 鮮 善 船 選 雪 說
	姓 成 省 性 世 歲 洗 小 少 所 消 速 束 孫 水 手 數 樹
	首 宿 順 術 習 勝 市 時 始 示 食 植 式 識 信 身 新 神
	臣 室 失 實 心 十

ㅇ	兒 惡 安 案 愛 野 夜 弱 藥 約 洋 陽 養 語 魚 漁 億 言
	業 然 熱 葉 英 永 五 午 屋 溫 完 王 外 要 曜 浴 勇 用
	右 雨 友 牛 運 雲 雄 園 遠 元 願 原 院 月 偉 位 有 由
	油 育 銀 音 飮 邑 意 醫 衣 二 以 耳 人 因 一 日 任 入

ㅈ	自 子 字 者 昨 作 長 場 章 才 在 財 材 災 再 爭 貯 的
	赤 電 全 前 戰 典 傳 展 節 切 店 正 庭 定 情 停 弟 第
	題 祖 朝 調 操 足 族 卒 種 終 左 罪 主 住 注 晝 週 州
	中 重 紙 地 知 止 直 質 集

ㅊ	着 參 窓 唱 責 川 千 天 鐵 靑 淸 體 草 初 寸 村 最 秋
	祝 春 出 充 致 則 親 七

ㅌ	打 他 卓 炭 太 宅 土 通 特

ㅍ	板 八 敗 便 平 表 品 風 必 筆

ㅎ	下 夏 河 學 韓 漢 寒 合 海 害 幸 行 向 許 現 兄 形 號
	湖 火 話 花 和 畫 化 患 活 黃 會 孝 效 後 訓 休 凶 黑

〈以上 500字 = 6級 配定漢字 300字 + 追加 200字, 쓰기는 300字(6級 配定漢字 300字)임〉

2級 配定漢字 2350字

ㄱ 可 加 佳 架 家 假 街 暇 歌 價 伽 柯 軻 賈 迦 各 角 却
刻 脚 閣 覺 珏 干 刊 肝 看 姦 間 幹 懇 簡 杆 艮 渴 葛
鞨 甘 減 敢 感 監 憾 鑑 邯 甲 岬 鉀 江 降 剛 康 強 綱
鋼 講 姜 彊 疆 岡 崗 介 改 皆 個 開 蓋 慨 槪 价 塏 客
更 坑 去 巨 車 居 拒 距 據 擧 件 建 健 乾 鍵 乞 傑 杰
桀 儉 劍 檢 揭 憩 格 隔 激 擊 犬 見 肩 牽 堅 遣 絹 甄
決 缺 結 潔 兼 謙 京 庚 徑 耕 竟 頃 景 卿 硬 敬 傾 經
境 輕 慶 警 鏡 競 驚 炅 儆 璟 瓊 系 戒 季 界 癸 契 係
計 桂 啓 械 階 溪 繫 繼 鷄 古 考 告 固 苦 姑 孤 枯 故
高 庫 雇 鼓 稿 顧 皐 曲 谷 哭 穀 困 坤 骨 工 公 孔 功
共 攻 空 供 恭 貢 恐 串 戈 瓜 果 科 過 誇 寡 課 菓 郭
官 冠 貫 款 寬 管 慣 館 關 觀 琯 光 狂 廣 鑛 掛 怪 傀
塊 愧 壞 槐 巧 交 郊 校 敎 絞 較 僑 膠 橋 矯 九 口 久
丘 句 求 究 具 苟 拘 狗 俱 區 球 救 邱 玖 構 歐 舊 購
懼 驅 鷗 龜 局 菊 國 鞠 君 軍 郡 群 屈 掘 窟 弓 宮 窮
券 卷 拳 圈 勸 權 厥 闕 軌 鬼 貴 歸 叫 糾 規 閨 圭 奎
揆 珪 均 菌 克 極 劇 斤 近 根 筋 僅 勤 謹 槿 瑾 今 金
禽 琴 禁 錦 及 急 級 給 肯 兢 己 企 忌 技 汽 奇 其 祈
紀 氣 豈 起 記 飢 基 寄 旣 棄 幾 棋 欺 期 旗 畿 器 機
騎 冀 岐 淇 琦 琪 璣 箕 耆 驥 麒 沂 驥 緊 吉
ㄴ 那 諾 暖 難 男 南 納 娘 乃 內 奈 耐 女 年 念 寧 奴 努

怒 農 濃 惱 腦 尿 能 尼 泥 溺

ㄷ 多 茶 丹 旦 但 段 單 短 團 端 壇 檀 斷 鍛 湍 達 淡 潭
談 擔 膽 畓 答 踏 唐 堂 當 糖 黨 塘 大 代 垈 待 帶 貸
隊 臺 對 戴 德 悳 刀 到 度 挑 逃 島 倒 徒 途 桃 悼 陶
盜 渡 道 都 塗 跳 圖 稻 導 燾 毒 督 篤 獨 讀 豚 敦 惇
燉 頓 突 乭 冬 同 東 洞 凍 桐 動 童 棟 銅 董 斗 豆 頭
杜 屯 鈍 得 登 等 燈 謄 騰 藤 鄧

ㄹ 裸 羅 洛 落 絡 樂 卵 亂 蘭 欄 爛 藍 濫 覽 拉 浪 郎 朗
廊 來 萊 冷 略 掠 良 兩 涼 梁 量 諒 糧 輛 亮 樑 旅 慮
勵 麗 呂 盧 驪 礪 力 歷 曆 連 蓮 煉 憐 練 聯 鍊 漣 戀
劣 列 烈 裂 廉 濂 獵 令 零 領 嶺 靈 玲 例 禮 體 老 勞
路 露 爐 魯 盧 蘆 鷺 鹿 祿 綠 錄 論 弄 籠 雷 賴 了 料
僚 療 遼 龍 累 淚 屢 漏 樓 柳 留 流 硫 類 謬 劉 六 陸
倫 輪 崙 律 栗 率 隆 陵 楞 里 理 利 離 裏 梨 履 李 吏
隣 麟 林 臨 立

ㅁ 馬 麻 摩 磨 魔 痲 莫 幕 漠 膜 萬 晩 滿 慢 漫 灣 蠻 娩
末 靺 亡 妄 忙 忘 罔 茫 望 網 每 妹 埋 買 梅 媒 賣 魅
枚 脈 麥 貊 盲 孟 猛 盟 覓 免 面 眠 勉 綿 冕 沔 俛 滅
蔑 名 命 明 冥 鳴 銘 毛 母 矛 某 侮 募 帽 慕 暮 模 貌
謀 牟 茅 謨 木 目 沐 牧 睦 穆 沒 夢 蒙 卯 妙 苗 墓 廟
昴 戊 茂 武 務 無 貿 舞 霧 墨 默 文 門 問 聞 紊 汶 勿
物 未 米 尾 味 美 眉 迷 微 彌 民 敏 憫 旻 旼 玟 珉 閔
密 蜜

ㅂ 　朴 泊 拍 迫 博 薄 舶 反 半 伴 返 叛 班 般 飯 搬 盤 磻
　潘 拔 發 髮 鉢 渤 方 芳 妨 防 邦 房 放 倣 紡 訪 傍 旁
　龐 杯 拜 背 倍 俳 配 培 排 輩 賠 裵 白 百 伯 栢 番 煩
　繁 飜 伐 罰 閥 筏 凡 犯 汎 範 范 法 碧 僻 壁 辨 邊 辯
　變 卜 弁 別 丙 兵 屛 竝 病 倂 昞 昺 柄 炳 秉 步 保 普
　補 報 譜 寶 甫 潽 輔 卜 伏 服 復 腹 福 複 覆 馥 本 奉
　封 峯 俸 逢 蜂 鳳 縫 蓬 夫 父 付 否 扶 府 附 負 赴 浮
　符 婦 部 副 富 腐 膚 賦 簿 敷 阜 釜 傅 北 分 奔 粉 紛
　憤 墳 奮 芬 不 弗 佛 拂 朋 崩 鵬 比 妃 批 非 肥 卑 飛
　匪 秘 悲 費 備 婢 鼻 碑 丕 毘 毖 貧 賓 頻 彬 氷 聘

ㅅ 　士 巳 四 史 司 仕 寺 死 似 沙 邪 私 舍 事 使 社 祀 査
　思 唆 師 射 捨 蛇 斜 赦 絲 詐 詞 斯 飼 寫 賜 謝 辭 泗
　削 朔 山 産 傘 散 算 酸 殺 三 森 蔘 揷 上 床 尙 狀 相
　桑 商 常 祥 喪 象 想 傷 詳 裳 嘗 像 賞 霜 償 箱 庠 雙
　塞 色 索 生 西 序 書 恕 徐 庶 敍 暑 署 瑞 誓 緒 舒 夕
　石 昔 析 席 惜 碩 釋 奭 晳 錫 仙 先 宣 旋 船 善 選 線
　禪 鮮 繕 瑄 璇 璿 舌 雪 設 說 卨 薛 纖 陝 蟾 暹 涉 攝
　燮 成 性 姓 省 星 城 盛 聖 誠 聲 晟 世 洗 細 稅 歲 勢
　貰 小 少 召 所 昭 素 笑 消 掃 紹 疎 訴 蔬 燒 蘇 騷 巢
　沼 邵 束 俗 速 粟 屬 續 孫 損 松 送 訟 頌 誦 宋 刷 鎖
　衰 水 手 囚 守 收 秀 受 垂 首 帥 修 殊 授 搜 須 遂 愁
　睡 需 壽 隨 誰 數 樹 輸 雖 獸 洙 銖 隋 叔 宿 淑 孰 肅
　熟 旬 巡 盾 殉 純 脣 順 循 瞬 洵 淳 珣 舜 荀 戌 述 術

崇 瑟 拾 習 濕 襲 升 承 昇 乘 勝 僧 繩 市 示 矢 侍 始
是 屍 施 時 視 詩 試 柴 湜 氏 式 食 息 植 殖 飾 識 軾
申 臣 辛 身 伸 信 神 晨 腎 愼 新 紳 失 室 實 心 甚 深
尋 審 瀋 十

ㅇ 牙 芽 我 亞 兒 阿 雅 餓 岳 惡 握 安 岸 案 眼 雁 顔 謁
閼 岩 暗 癌 押 壓 鴨 央 仰 殃 哀 涯 愛 碍 埃 艾 厄 液
額 也 夜 耶 野 惹 倻 若 約 弱 藥 躍 羊 洋 揚 陽 楊 養
樣 壤 孃 讓 襄 於 魚 御 漁 語 抑 億 憶 言 焉 彦 嚴 業
予 汝 如 余 與 餘 輿 亦 役 易 逆 疫 域 譯 驛 延 沿 宴
軟 硏 然 硯 煙 鉛 演 燃 緣 燕 姸 淵 衍 悅 閱 熱 炎 染
厭 鹽 閻 葉 燁 永 迎 英 泳 映 詠 榮 影 營 暎 瑛 盈 塋
預 銳 豫 藝 譽 芮 睿 濊 芸 午 五 汚 吾 烏 悟 娛 梧 嗚
傲 誤 吳 塢 玉 屋 獄 沃 鈺 溫 穩 翁 擁 邕 雍 甕 瓦 臥
完 緩 莞 曰 王 往 旺 汪 歪 倭 外 畏 妖 要 搖 遙 腰 謠
曜 堯 姚 耀 辱 浴 欲 慾 用 勇 容 庸 熔 傭 溶 瑢 鎔 鏞
又 于 友 尤 牛 右 宇 羽 雨 偶 遇 愚 郵 憂 優 佑 祐 禹
旭 項 昱 煜 郁 云 雲 運 韻 鬱 雄 熊 元 苑 怨 原 員 院
援 圓 園 源 遠 願 媛 瑗 袁 月 越 危 位 委 胃 威 偉 尉
爲 圍 違 僞 慰 緯 謂 衛 尉 渭 韋 魏 由 幼 有 酉 乳 油
柔 幽 悠 唯 惟 猶 裕 遊 愈 維 誘 遺 儒 庚 兪 楡 踰 肉
育 閏 潤 允 尹 胤 銃 融 恩 銀 隱 殷 垠 闇 乙 吟 音 淫
陰 飮 邑 泣 凝 應 鷹 衣 矣 宜 依 意 義 疑 儀 醫 議 二
已 以 而 耳 夷 異 移 貳 伊 珥 怡 益 翼 翊 人 刃 仁 引

因　印　忍　姻　寅　認　一　日　逸　壹　鎰　佾　壬　任　賃　妊　入
ㅈ　子　字　自　姊　刺　者　玆　姿　恣　紫　慈　資　磁　雌　諮　滋　作　昨
酌　爵　殘　暫　潛　蠶　雜　丈　壯　長　莊　章　帳　張　將　掌　葬　場
粧　裝　腸　獎　障　藏　臟　墻　庄　樟　璋　蔣　才　在　再　災　材　哉
宰　栽　財　裁　載　爭　低　底　抵　沮　著　貯　赤　的　寂　笛　跡　賊
滴　摘　適　敵　積　績　蹟　籍　田　全　典　前　展　專　電　傳　殿　錢
戰　轉　旬　切　折　竊　絕　節　占　店　漸　點　接　蝶　丁　井　正　呈
廷　定　征　亭　貞　政　訂　庭　頂　停　偵　情　淨　程　精　整　靜　艇
鄭　晶　珽　旌　楨　汀　禎　鼎　弟　制　帝　除　第　祭　堤　提　齊　製
際　諸　劑　濟　題　弔　早　兆　助　造　祖　租　鳥　措　條　組　釣　彫
朝　照　潮　調　操　燥　趙　曹　柞　足　族　存　尊　卒　拙　宗　從　終
種　綜　縱　鐘　琮　左　坐　佐　座　罪　主　朱　舟　州　走　住　周　宙
注　洲　柱　奏　酒　株　珠　晝　週　駐　鑄　疇　竹　俊　准　準　遵　埈
峻　晙　浚　濬　駿　中　仲　重　衆　卽　症　曾　蒸　增　憎　證　贈　之
止　支　只　至　旨　枝　池　地　志　知　持　指　脂　紙　智　遲　址　芝
直　職　織　稙　稷　辰　珍　津　眞　振　陣　陳　進　診　塵　盡　震　鎭
秦　晋　姪　疾　秩　窒　質　執　集　輯　徵　懲
ㅊ　且　次　此　差　借　遮　捉　着　錯　餐　贊　讚　燦　鑽　璨　瓚　札　刹
察　參　慘　慙　斬　昌　倉　窓　唱　創　蒼　滄　暢　彰　敞　昶　茶　採
彩　采　埰　蔡　債　冊　責　策　妻　處　悽　尺　斥　拓　戚　隻　陟　千
川　天　泉　淺　踐　賤　遷　薦　釧　哲　撤　徹　鐵　喆　澈　尖　添　瞻
妾　諜　靑　淸　晴　請　聽　廳　逮　替　遞　滯　體　締　肯　抄　初　招
草　秒　哨　焦　超　礎　楚　促　燭　觸　蜀　寸　村　銃　聰　總　最　催

崔 抽 秋 追 推 趨 醜 楸 鄒 丑 畜 祝 逐 軸 蓄 築 縮 蹴
春 椿 出 充 忠 衷 衝 蟲 沖 吹 取 臭 就 醉 趣 炊 聚 側
測 層 治 値 恥 致 置 稚 齒 峙 雉 則 親 七 漆 沈 枕 侵
浸 針 寢 稱

ㅋ 快

ㅌ 他 打 妥 墮 托 卓 託 琢 濁 濯 炭 誕 彈 歎 灘 脫 奪 貪
探 耽 塔 湯 太 怠 殆 胎 泰 態 颱 兌 台 宅 澤 擇 土 吐
兎 討 通 痛 統 退 投 透 鬪 特

ㅍ 波 派 破 頗 罷 播 把 坡 判 板 版 販 阪 八 貝 敗 覇 彭
片 便 偏 遍 篇 編 扁 平 坪 評 肺 閉 廢 蔽 弊 幣 布 包
抛 抱 怖 胞 浦 捕 砲 飽 鋪 葡 鮑 幅 暴 爆 表 票 漂 標
杓 品 風 楓 豊 馮 皮 彼 疲 被 避 匹 必 畢 筆 弼 泌

ㅎ 下 何 河 夏 荷 賀 虐 學 鶴 汗 旱 恨 限 寒 閑 漢 翰 韓
割 含 咸 陷 艦 合 陜 抗 巷 恒 航 港 項 亢 沆 亥 害 奚
海 該 解 核 行 幸 杏 向 享 香 鄕 響 許 虛 軒 憲 獻 險
驗 革 赫 爀 玄 弦 現 絃 賢 縣 懸 顯 峴 炫 鉉 穴 血 嫌
協 脅 峽 兄 刑 亨 形 型 螢 衡 瀅 炯 邢 馨 兮 惠 慧 戶
互 乎 好 虎 呼 胡 浩 毫 湖 號 豪 濠 護 昊 晧 皓 澔 壕
扈 鎬 祜 或 惑 酷 昏 混 婚 魂 忽 弘 洪 紅 鴻 泓 火 化
禾 花 和 華 貨 畵 話 靴 禍 嬅 樺 確 擴 穫 丸 幻 患 換
還 環 歡 桓 煥 活 滑 況 皇 荒 黃 晃 滉 灰 回 廻 悔 會
懷 檜 淮 劃 獲 橫 孝 效 曉 厚 侯 後 喉 候 后 訓 勳 熏
壎 薰 毁 揮 輝 徽 休 携 烋 凶 胸 匈 黑 欽 吸 興 希 喜

稀 熙 噫 戲 姬 嬉 熹 憙 禧 義

〈以上 2級 配定漢字 2350字, 漢字能力檢定用 常用漢字 2000字 + 姓名, 地名用 漢字 350字,
* 漢字能力檢定用 常用漢字 2000字는 3級 配定漢字인 漢文教育用 基礎漢字 1800字에 常用漢字
200字를 더한 것임, 쓰기는 1807字(3級 配定漢字)임〉

편자 소개

김명순 현재 한남대학교 사범대학 국어교육과 교수.
고전소설 및 고전수필 등 고전문학,
고전문학교육 관련 과목 강의.

김기림 한남대학교 사범대학 국어교육과 강사,
용인 송담대학교 교양국어 겸임교수.
한문학 전공, 한문 및 고전문학 관련 과목 강의.

홍학희 한남대학교 사범대학 국어교육과 강사.
한문학 전공, 한문 및 고전문학 관련 과목 강의.

고전교육을 위한 한문

인 쇄 2005년 8월 18일
발 행 2005년 8월 25일

편 자 김명순 · 김기림 · 홍학희
펴낸이 이 대 현
편 집 권 분 옥
펴낸곳 도서출판 역락
　　　　서울 성동구 성수2가 3동 301-80 (주)지시코 별관 3층
　　　　전화 • 3409-2058, 3409-2060 / FAX • 3409-2059
　　　　이메일 • youkrack@hanmail.net
　　　　홈페이지 • http://www.youkrack.com
　　　　등록 • 1999년 4월 19일 제2-2803호

정 가 8,000원
ISBN 89-5556-409-0-93710

■ 잘못된 책은 교환해 드립니다.